Question de temps

À Clotilde, Mireille
et Laure

TABLE DES MATIÈRES

DEUXIÈME PARTIE
S'ORGANISER

Oui c'est cela mon cher Lucilius, revendique la possession de toi-même. Ton temps, jusqu'à présent, on te le prenait, on te le dérobait, il t'échappait. Récupère-le, et prends-en soin. La vérité, crois-moi, la voici : notre temps, on nous en arrache une partie, on nous en détourne une autre, et le reste nous coule entre les doigts. Pourtant, il est encore plus blâmable de le perdre par négligence. Et, à y bien regarder, l'essentiel de la vie s'écoule à mal faire, une partie à ne rien faire, toute la vie à faire autre chose que ce qu'il faudrait faire.
Peux-tu me citer un homme qui accorde du prix au temps, qui reconnaisse la valeur d'une journée, qu'il comprenne qu'il meurt chaque jour ? car notre erreur, c'est de voir la mort devant nous. Pour l'essentiel, elle est déjà passée. La partie de notre vie qui est derrière nous appartient à la mort. Fais donc, mon cher Lucilius, ce que tu me dis dans ta lettre : saisis-toi de chaque heure. Ainsi tu seras moins dépendant du lendemain puisque tu te seras emparé du jour présent. On remet la vie à plus tard et pendant ce temps, elle s'en va.
Tout se trouve, Lucilius, hors de notre portée. Seul le temps est à nous. Ce bien fuyant, glissant, c'est la seule chose dont la nature nous ait rendu possesseur : le premier venu nous l'enlève. Et la folie des mortels est sans limite : les plus petits cadeaux, ceux qui ne valent presque rien et qu'on peut facilement remplacer, chacun en reconnaît la dette, alors que personne ne s'estime en rien redevable du temps qu'on lui accorde, c'est-à-dire de la seule chose qu'il ne peut pas nous rendre, fût-il le plus reconnaissant des hommes.

Sénèque
Apprendre à vivre. Lettre à Lucilius

AVANT-PROPOS

Réussir sa vie...

UNE ERREUR

Un auteur peut-il avouer à ses lecteurs qu'il s'est trompé ? Oh ! Pas sur les méthodes qu'il a présentées dans la première édition : l'expérience montre que, cinq ans après, celles-ci sont toujours aussi efficaces. D'ailleurs, la plupart seront reprises telles quelles dans cette seconde édition. Alors ?

Eh bien ! Mis à part l'insoluble problème des personnes qui me disent qu'elles devraient lire ce livre mais « n'en ont pas trouvé le temps », il se trouve que mon regard sur la *question du temps* a profondément changé. J'écrivais en effet à l'époque : « Le temps réussi est constitué d'une succession de projets décidés, bien vécus et menés à terme... »

J'y croyais. Je croyais être maître de ma vie, de mes projets. « Il suffit de bien prévoir, puis de vouloir », pensais-je. Je croyais qu'il suffisait, pour bien gérer le temps de sa vie, de connaître ses « étoiles » (comme expliqué au chapitre 4), puis d'accomplir ses projets en conséquence selon le chapitre 1 (le poisson du temps), tout en gardant les pieds sur terre selon le « che » du chapitre 5. Je croyais sincèrement qu'une vie réussie se construisait à coup d'objectifs motivants et réalistes, jour après jour, semaine après semaine, année après année, toute la vie quoi ! Pendant des années, cette façon d'épouser le temps m'avait apporté de grands succès et de profondes satisfactions et cela pouvait durer toujours. Même les aléas de la vie, pensais-je, pouvaient être considérés comme des défis de temps à gérer comme des projets particuliers. Travail, vacances, mariages des enfants, décès des personnes proches, échecs, épreuves de santé, entreprises personnelles ou professionnelles de toute nature, tous ces divers temps pouvaient être maîtrisés.

D'où vint alors le sentiment de *lassitude de temps* qui s'empara de moi quelque temps après la publication de ce livre ? Tout en continuant à « réussir » mon temps et en atteignant plutôt bien mes objectifs, je me sentais en effet patauger dans une sorte d'insatisfaction existentielle. Sans le savoir, je ressentais les atteintes d'un mal redoutable dont souffrent la plupart de nos contemporains et que j'avais incubé pendant des années : *l'obligation d'entreprendre tout ce que l'on peut entreprendre — et de le réussir.*

RÉUSSIR À TOUT PRIX

Carlo Moïso[1], dans une conférence prononcée au congrès européen d'analyse transactionnelle en 2000, exprime ainsi cette nouvelle obligation :

> *La pathologie sociale actuelle est celle du sentiment d'insuffisance. Il faudrait toujours être au maximum, toujours gagner, toujours réussir. Celui qui n'y parvient pas ou qui subit une défaillance est devenu le « pauvre » de nos temps modernes.*
>
> *Freud attribuait la difficulté d'être sain à l'excès de lois, mais aujourd'hui les normes limitantes ont cédé le terrain à une idéologie reine venant des USA et qui affirme que tout est possible en termes de réussite financière, sociale, sexuelle.*
>
> *L'émancipation, maître mot du XXe siècle, nous a condamnés à atteindre les paroxysmes de l'efficacité. L'individu est jaugé non plus comme autrefois par rapport à la façon dont il observe la loi, mais par rapport à sa capacité de prendre des initiatives et d'atteindre des résultats. De là vient la dépression moderne, celle qui mine notre société. Elle traduit la culpabilité d'être insuffisant non pas par rapport à ce qu'on fait, mais par rapport*

1. Médecin psychologue italien et analyste transactionnel internationalement reconnu, lauréat du Prix Scientifique Eric Berne.

à ce qu'on pourrait faire. La dépression moderne ne signifie plus comme autrefois la perte d'une joie de vivre, mais la perte d'une capacité d'initiative.
La question des gens n'est donc plus « est ce que je dois faire cela ou ne pas le faire ? », mais « est ce que je suis capable de le faire ? ». La nouvelle culpabilité, c'est de ne pas avoir su exploiter une possibilité : il faut réussir tout ce que l'on entreprend.

L'ACCORD

Je reprends les notes personnelles prises durant ce difficile passage et relis la fin de l'intervention de Carlo Moïso

> *Ce qui devient pertinent n'est donc plus de s'affranchir de la norme, et pour cause : elle n'existe presque plus. C'est de renoncer à faire ce qui est possible. « Réussir », en ce sens, s'oppose à « être autonome ». « Réussir », ce serait réaliser toutes ses initiatives, alors « qu'être autonome », c'est être conscient de ses qualités et de ses limites.*

Je méditais ces paroles et m'interrogeais. Des souvenirs me revenaient en tête, en particulier le désarroi éprouvé en me rendant compte que je ne pourrais pas faire la dixième partie de tout ce qu'il m'était possible de voir, apprendre, écouter. Ainsi, les éditions spéciales du genre « tout ce qu'il y a à voir cette semaine, à faire cet été, etc. » de *Télérama*, du *Monde* ou autres périodiques, loin de m'attirer, teintaient ma vie d'un sentiment honteux de paresse sociale. Festivals, concerts, lectures, spectacles, apprentissages de toutes sortes, expériences de toute nature, on me mettait à la bouche de beaux projets que je savais pour la plupart irréalisables faute de temps, d'envie ou d'énergie.

Je questionnais mes amis, mes proches, mes collègues. Qu'est-ce qu'une vie réussie ? Un jour, je reçus cette lettre d'un pasteur protestant de mes amis.

> *Ta question me plaît : réussir sa vie… Nous en serions dans le meilleur des cas, le seul juge, à condition d'avoir le temps et la chance de méditer, de trier, et ne pas être emporté par une des bourrasques de la vie… Trop tard…*
> *À moins de laisser le jugement aux autres. Mais ceux qui vous aiment ne vous jugeront pas, et ceux qui ne vous aiment pas vous jugeront en bien ou en mal, mais probablement pas comme vous l'auriez souhaité…*
> *À moins de laisser ce jugement à Dieu, mais est-ce vraiment son problème ?*

Ou alors acquérir le sentiment permanent de réussir... Mais se poser la question c'est exprimer un doute, ne jamais se poser la question c'est être fou, ou véritablement sage : déposer la question et de désencombrer de questions inutiles...
Selon moi, il n'y a pas de critère, simplement on sait quand Dieu est d'accord (dans le sens musical) ou quand notre vie se désaccorde : c'est évident, et on est bien loin des critères surannés d'une morale figée.
Une question plus réaliste est donc : suis-je accordé ?

Être « accordé »... Cela me plaisait. J'ai donc fait de ce mot « accorder » le pivot de cette seconde édition. Il éclairera en particulier le remaniement du chapitre « objectifs » et celui désormais intitulé « de temps en temps » dans lequel le lecteur sera invité à oublier la *question de temps*.

Côté méthodes, cette seconde édition intègre des considérations sur les nouveautés technologiques qui se sont répandues depuis la première édition comme les nouveaux outils électroniques (organiseurs) ou le courrier électronique.

OUVERTURE

De la gestion du temps au temps de vivre…

« Aujourd'hui la plupart d'entre nous ont mal au temps et ne savent pas que ça se soigne » disait déjà en 1983 Jean-Louis Servan-Schreiber dans *L'Art du temps* (voir la bibliographie). Face à ce mal, le remède le plus couramment proposé est d'apprendre à mieux gérer son temps. Mais que signifie « bien gérer son temps » et, seconde question, est-ce une approche suffisante pour bien le vivre ?

Chacun sait ce qu'est une mauvaise gestion du temps. Retards, oublis, précipitation, dispersion, lenteur en sont en Occident les signes extérieurs les plus manifestes (nous verrons au chapitre 5 qu'il n'en est pas de même en Orient). On dit aussi de quelqu'un qu'il gère mal son temps s'il est surchargé de travail et ne sait ni refuser ni déléguer. Quant à celui qui souffre de ces désordres, il éprouve une sensation désagréable, venant d'une impression de manque d'harmonie intérieure. Souvent, il subit des reproches de passivité, d'agitation ou de manque de disponibilité de la part de son entourage.

Mais qu'est-ce qu'une bonne gestion du temps ? Ce n'est sûrement pas la bonne gestion d'un agenda (ou d'un Palm[1]) car si ce dernier reste un outil très commode, nous connaissons tous des personnes qui en sont devenues esclaves. Ce n'est pas non plus ce

---

1. Marque d'un organiseur électronique. Voir le chapitre 7.

qui fait gagner du temps car si une bonne organisation permet d'éviter des pertes de temps, elle ne répond pas à la question de l'utilisation finale du temps gagné. Est-ce pour faire plus de la même chose, ou autre chose ? Évidemment, si l'on se place dans une optique exclusivement professionnelle, la réponse coule de source car les gains de temps sont supposés permettre l'accroissement de la productivité de l'entreprise. Mais si l'on regarde les choses d'un point de vue personnel ou social, c'est moins simple. On se heurte rapidement à un problème de finalités : que faire d'un temps bien « géré », que faire de sa vie ?

En fait, les méthodes de gestion du temps, quelles qu'elles soient, ne deviennent efficaces que si la personne les éclaire au préalable par un sens donné au temps de sa propre vie, dans les deux acceptions du terme :

- Sens = direction : *Vers quoi dirigez-vous votre vie ? Qu'est-ce que vous souhaitez y accomplir ?* Dans ce sens, le temps réussi est constitué de l'accomplissement de projets que nous choisissons (au niveau individuel) ou auxquels nous participons (niveau collectif). Comme dans tout projet, la condition préalable de réussite est de savoir à quoi l'on veut arriver. L'organisation proprement dite du temps n'est plus alors qu'une simple question méthodologique.
- Sens = signification : *Quel sens donnez-vous à ce passage entre naissance et mort que vous appelez votre vie ? Comment vous accordez-vous au monde durant ce passage ?* Celui qui adopte cet autre regard sur le temps doit abandonner l'idée qu'il maîtrise sa vie et, par voie de conséquence, doit renoncer le cas échéant à réaliser des projets qui lui plaisent. Il s'agit pour lui d'accorder ses projets à quelque chose de plus grand que lui qu'il nommera Vie, Dieu, Partage, Humanité... Sa gestion du temps n'est alors plus éclairée par le souci de réaliser ses projets de vie de façon volontariste, mais par un discernement des projets auxquels il se sent « accordé » au monde et apporte à celui-ci le meilleur de lui-même. Il réalise ces projets avec la même efficacité et en s'inspirant des mêmes méthodes que lorsqu'il se croyait maître de sa vie, mais la réussite de ses projets a un autre sens. Il en est le maître d'œuvre, mais pas la source ; le serviteur, mais pas l'initiateur.

POURQUOI CE LIVRE ?

Je vous en supplie
faites quelque chose
apprenez un pas
une danse
quelque chose qui vous justifie
qui vous donne le droit
d'être habillés de votre peau de votre poil
apprenez à marcher et à rire
parce que ce serait trop bête
à la fin
que tant soient morts
et que vous viviez
sans rien faire de votre vie

Charlotte Delbo, *Une connaissance inutile.*

Les jours où j'entame la rédaction de cet ouvrage[1] sont traversés par deux épreuves qui donnent un sens singulier à son écriture.

L'une est assez commune : la vraisemblable disparition prochaine de parents âgés. Je suis frappé de ce que disent les personnes en fin de vie : elles regrettent non pas ce qu'elles ont fait, mais ce qu'elles n'ont pas osé faire.

L'autre est l'annonce d'un cas de séropositivité d'une jeune personne de mon entourage. Sa destinée m'interroge, moi qui ai 49 ans, car si je peux raisonnablement bâtir des projets pour quelques décennies, personne ne peut me garantir que, comme cette personne, je ne cours pas de danger mortel d'un jour à l'autre. Le témoignage des personnes qui, tout en se sachant condamnées par la maladie, ont dépassé le stade de la désespérance, s'avère ici précieux. Il nous apporte un autre regard sur le temps de vivre car ces personnes ne se précipitent généralement pas dans une frénésie de plaisir ou d'activité, mais se mettent à savourer les instants de la vie quotidienne avec un bonheur rare. Plus que le commun des hommes, elles ont acquis une conscience aiguë de leur fin ultime et l'ensemble de leur vie en prend sens, y compris dans les tâches les plus banales.

1. Paragraphes rédigés en 1996.

J'aimerais donc que ce livre constitue à cet égard une invitation bienveillante et ferme à oser vivre la vie dont vous rêvez, vous lecteur qui vous plongez dans cet ouvrage, et c'est le premier but que je donne à celui-ci : proposer un temps de vivre qui soit fondé sur l'accomplissement des projets qui vous tiennent à cœur.

Sur un registre moins grave et complètement distinct du précédent, ce livre poursuit un second but : présenter une approche du temps qui tienne compte de la personnalité de chacun et de son histoire vis-à-vis du temps. J'ai en effet constaté que bien des personnes avaient en tête une façon mythique de bien gérer le temps, une sorte d'*one best way* qui préexisterait dans la tête de quelques experts du temps. Face à cet Himalaya, les candidats à un temps plus serein ou efficace campent dans de profondes vallées dont ils ne parviennent pas à sortir car la seule façon de gravir la montagne qui leur ait été présentée est l'escalade de la face la plus abrupte : « Je sais ce qu'il faut faire, mais je n'y parviens pas », disent-ils. Souvent, emplis de bonnes résolutions, ils ont appliqué des recettes durant quelques semaines, puis ont abandonné, comme le fait un enfant qui prend une résolution et ne la tient pas. Penser et agir en fonction d'un modèle stéréotypé, c'est oublier que nous sommes des êtres différents, avec des caractéristiques psychologiques différentes. Les approches modernes de la psychologie offrent heureusement des outils simples et efficaces pour tenir compte de ces spécificités. J'utilise dans ce livre l'approche de Jean Piaget sur la construction de l'intelligence ainsi que certains outils de l'analyse transactionnelle* qui ont un fort lien avec la gestion du temps, en particulier la structuration du temps relationnel*.

Je souhaite enfin, et c'est le troisième but de cet ouvrage, partager avec le lecteur ma propre expérience du temps de vivre. Elle m'a appris que quelques principes simples guidaient une gestion du temps efficace, sereine et pleine de sens. Les voici, truffés d'expressions étranges que les lecteurs qui lisent un livre en le dégustant découvriront au fur et à mesure et que les pressés ou les curieux pourront trouver tout de suite dans le glossaire (mots marqués d'un astérisque) :

- On ne gère pas son temps, on se gère soi-même dans le temps.
- Le temps est un allié qu'il ne faut ni vaincre, ni manipuler. La conjugaison de l'attention stratégique (disponibilité au « che* ») et de la volonté de faire aboutir ses projets permet d'atteindre un art du temps efficace et serein.

• La gestion de soi-même dans le temps s'appuie d'abord sur une conscience claire des projets que nous devons ou voulons réaliser.
• Un projet réussi se déroule comme un « poisson du temps* ». Il comporte une période d'ouverture (tête du poisson), un choix de l'objectif* à atteindre (ouïe), une mise en œuvre (ventre) et enfin une phase où l'on tire le fruit du travail accompli (queue).
• Connaître ses diablotins* personnels permet de comprendre les façons d'échouer dans ses « poissons du temps ». Se donner les permissions adéquates pour y faire face permet de réussir.
• La méthode du « pour telle date, je souhaite avoir fait ceci et cela » constitue la base de la gestion du temps. Plus nous sommes surchargés, plus elle doit être appliquée avec rigueur, en établissant des listes de tâches avec leur durée et l'ordre de priorité*, puis en vérifiant que le total des durées est réaliste.
• C'est en passant des accords relationnels avec notre entourage sur la répartition des tâches et les délais que nous parvenons à vivre un temps relationnel efficace.
• Notre temps relationnel est réparti entre le retrait*, les rituels*, les passe-temps*, l'activité*, le lâcher-prise* et les jeux psychologiques*. Répartir son temps harmonieusement entre les cinq premiers et refuser de jouer les jeux psychologiques du triangle infernal Persécuteur*-Victime*-Sauveteur* est la meilleure façon de vivre un temps relationnel agréable et fructueux.
• La détermination des priorités répond à trois principes et une attitude intérieure : voir les risques, avancer vers les « étoiles » et utiliser le « che ». L'attitude intérieure consiste à nous accorder prioritairement au temps « mystique ».
• La plupart des conflits de priorité peuvent être résolus par un arbitrage entre notre « Il faut* » et notre « J'ai envie* », sachant que si l'un des deux est exclu de façon systématique, il se venge.
• Une bonne gestion du temps nécessite un minimum d'hygiène quotidienne.

Ces principes valent mieux qu'une kyrielle de recettes techniques. Dire qu'il est possible de les appliquer en totalité du jour au lendemain serait tromper le lecteur et ils ne sont d'ailleurs jamais vraiment acquis. Dans la mesure où il s'agit d'un patient apprentissage qui peut notablement changer notre façon de vivre ainsi que nos relations, aller trop vite en besogne serait d'ailleurs dangereux. Je ne peux donc pas vous garantir que vous saurez dès demain prendre le temps de vivre, mais je peux vous assurer que si vous appliquez ces principes, vous mettrez de votre côté d'abord les meilleures chances pour inscrire dans votre vie humaine les rêves qui vous habitent et, à un niveau plus profond, accorder votre existence à ce qui la dépasse et lui donne du sens.

CONTENU ET FORME DE L'OUVRAGE

Dans une première partie, nous aborderons la gestion du temps sous son angle personnel avec le concept de « poisson du temps » et les aspects psychologiques de notre relation au temps en fonction de nos « diablotins de temps » (chap. 1 et 2).

Viendra ensuite la notion d'objectifs (chap. 3) et son corollaire immédiat, l'interrogation sur le sens que nous donnons au temps de notre vie (chap. 4). Nous partirons alors au chapitre 5 à la découverte de quatre perceptions du temps : l'occidentale, l'orientale, la religieuse et la mystique.

L'organisation du temps fera l'objet de la deuxième partie de cet ouvrage avec la détermination des priorités (chap. 6) et une méthode pratique de planification* sur l'année, le mois et le jour au chapitre 7.

La troisième partie de l'ouvrage sera consacrée au temps social et relationnel. Nous y découvrirons les six façons de passer le temps ensemble (chap. 8), avec son aspect le plus néfaste, les jeux psychologiques (chap. 9). Un chapitre aussi difficile que les exigences d'un patron pressé nous permettra de traiter le cas où quelqu'un veut « tout, tout de suite » (chap. 10). Il nous conduira à la méthode RPOA* pour prévenir les pertes de temps dues aux malentendus de départ ou aux dérangeurs (chap. 11).

Chacun de ces chapitres sera émaillé de quelques recettes (il en faut bien !) qui seront complétées au chapitre 12 par l'examen de quelques difficultés courantes de gestion du temps.

RECOMMANDATIONS POUR COMMENCER

Je recommande au candidat à une meilleure gestion du temps d'avoir sur lui de quoi écrire, par exemple quelques post-it dans son agenda, ou un carnet spécial, ou des pages vierges, un bloc-notes électronique ou tout autre moyen à sa convenance.

Continuez dans un premier temps à utiliser un agenda d'une façon minimale comme le font la plupart des gens, en notant les rendez-vous, réunions ou journées réservées en totalité. Ne cherchez pas à en modifier la forme pour le moment, mais soyez attentif à la façon dont vous l'utilisez… ou ne l'utilisez pas.

Pour l'instant, c'est tout.

Exercice n° 1 : À faire cette semaine

Dans la plupart des chapitres, je vous proposerai un ou plusieurs exercices. Voici le premier. Il vous prendra dix minutes le premier jour et six fois cinq minutes les jours suivants.

1) Vous noterez le premier jour sous forme de liste, sur une feuille *spéciale*, les petites tâches que vous voulez avoir faites pour la fin des sept jours, sans vous préoccuper pour l'instant du moment où elles seront faites. Vous pourrez ajouter des tâches à la liste au fur et à mesure que le délai s'écoule, mais en gardant la même date butoir, ce qui fait que le septième et dernier jour, vous ne pourrez plus inscrire que ce que vous voudrez et pourrez faire ce jour-là.

Le but de cet exercice est de vérifier si vous savez prévoir et tenir de façon réaliste un projet de temps, et mon expérience m'a montré que la semaine est le meilleur délai pour commencer.

Soyez concret, « au ras des pâquerettes », du genre :

AVANT LE TANT… (fin des 7 jours)

- Classer ma bannette de courrier en retard.
- Passer une heure sur le dossier X.
- Téléphoner à Untel.
- Dégivrer le frigidaire.
- Écrire à Maman.
- Lire trente pages de ce livre, etc.

Vous pouvez faire cet exercice au seul niveau professionnel, ou au niveau personnel, ou faire les deux. À la fin des sept jours, vous reprendrez cette liste en faisant le bilan suivant :

2) Noter ce qui a été fait et s'en féliciter.

3) Pour ce qui n'a pas été fait, s'interroger :

- Les actions à faire étaient-elles suffisamment précises au départ ?
- Pourquoi n'ai-je pas mené à bien ces actions ?

Parmi les causes les plus fréquentes, on trouve :

- Avoir inscrit au départ plus de choses qu'il n'était réaliste d'accomplir en sept jours.
- Avoir abandonné la liste en cours de route en se laissant envahir par d'autres préoccupations.
- Avoir attendu le septième jour pour se souvenir que la liste devait être faite et se précipiter.
- Avoir mésestimé les durées.
- S'être laissé envahir par les problèmes d'autrui.

POUR CEUX QUI NE VEULENT PAS FAIRE L'EXERCICE N° 1

Si vous « sautez » cet exercice, cela peut être dû à plusieurs raisons. Voyons les plus courantes :

- Vous n'avez pas de réel problème de temps. Interrogez-vous : cela vaut-il la peine de prendre plusieurs heures à poursuivre la lecture de cet ouvrage ? Mieux vaudrait peut-être les consacrer au travail, au farniente, à l'aventure, à l'amour ou à la révolte contre les injustices de ce monde.
- Vous pensez qu'il n'est pas possible d'appliquer une méthode avant d'en connaître la logique. C'est sage dans de très nombreux cas (comment faire confiance *a priori* ?), mais parfois désastreux. Avez-vous songé à toutes les occasions que vous avez gâchées en appliquant trop strictement ce principe ?
- Ce livre arrive peut-être trop tôt dans votre vie. Rangez-le et attendez la troisième édition.
- Vous êtes profondément et durablement enfoncé dans des difficultés de temps. Peut-être vous faut-il alors entreprendre un « coaching de temps », c'est-à-dire vous faire accompagner individuellement par un professionnel qui saura vous aider à faire la part des choses et trouver des options.
- Le style de l'auteur ne vous convient pas. Allez voir d'autres ouvrages à la bibliographie.
- Vous avez perdu la liste. Soyez sympa avec vous-même et donnez-vous une seconde (mais dernière !) chance pour la semaine à venir.

Vous allez pouvoir à présent vous lancer dans votre aventure personnelle face au temps. Est-il un allié inconditionnel de votre vie, un maître exigeant ou un démon tyrannique ? Nous allons tenter d'y voir plus clair dans votre relation au temps en conjuguant le rêve et la méthode, le présent et le futur. Bon voyage dans votre temps !

Première partie

SE GÉRER SOI-MÊME DANS LE TEMPS

1

LE POISSON DU TEMPS

SYNTHÈSE

Pour pouvoir organiser de façon efficace son temps, à l'échelle de la journée comme à celle des années, il faut être capable de se « projeter » dans le futur en imaginant la situation une fois que le « projet » sera achevé. Seule une attitude de préparation et d'anticipation permet de mettre en œuvre ce que nous devons ou voulons réaliser.

Le concept de « poisson du temps » permet d'éclairer le déroulement global d'un projet réussi. Celui-ci comporte une période d'ouverture anticipatrice (tête), un choix d'objectif (ouïe), une mise en œuvre (ventre), et une dernière phase où l'on tire le fruit du travail accompli (queue).

LE TEMPS RÉUSSI

Ce livre part d'une façon simple de considérer la maîtrise du temps. C'est la faculté de mener à terme une succession de projets rêvés, décidés et bien vécus. Que les projets soient petits ou grands n'a en ce sens aucune importance. Qu'ils durent peu de temps ou longtemps n'est pas non plus un critère. Ainsi, pour la personne accidentée qui, après quinze jours d'hôpital, a pour projet de faire trois pas hors de son lit et y parvient, cette réussite peut avoir autant de valeur que de réussir au concours de l'ENA après trois ans d'efforts, à partir du moment où l'on a voulu accomplir un projet et qu'on y est parvenu. Maîtriser le temps individuel, c'est accomplir les projets que l'on a choisis, en tenant compte de la réalité environnante et en tirant le meilleur parti de ses talents. Maîtriser le temps collectif, c'est satisfaire ensemble les besoins sociaux qui constituent la raison d'être de toutes les entreprises et institutions sociales.

Côté réussite, cette vision de la réussite humaine a l'immense mérite de mettre tout le monde sur un pied d'égalité, quelles que soient ses capacités. Elle place dans un même creuset les petits et les grands, les humbles et les puissants puisque de ce point de vue, le monde des hommes, des institutions et des entreprises se divise alors en trois catégories[1] :

- Les gagnants, qui remplissent leur contrat entre le monde et eux-mêmes en sachant définir leurs projets, les inscrire dans le temps et les atteindre.
- Les perdants, qui n'ont pas de projets ou n'en viennent pas à bout.
- Les non-gagnants, qui réussissent partiellement les projets, ou les réussissent sans sérénité. Un cas fréquent en gestion du temps concerne ceux qui ne parviennent pas à respecter les délais.

(Les façons d'échouer des perdants et des non-gagnants sont assez nombreuses, ainsi que nous le verrons au chapitre 2 sur les « diablotins » du temps.)

Les conséquences pratiques de ce qui précède ont sur la gestion du temps une importance considérable. Pour pouvoir organiser de façon efficace le futur, à l'échelle de la journée comme à celle des années, il faut être capable de nous « projeter » dans le futur en imaginant la situation une fois que le « projet » sera achevé. Cette capacité est une spécificité de l'esprit humain qui est à la fois capable de se situer dans « l'ici et maintenant » et, le moment qui suit, de se projeter dans le

1. Classification établie par Éric Berne dans *Des jeux et des hommes*, voir la bibliographie.

« plus tard et autrement ». Que cette faculté d'anticipation se bloque, soit par ignorance de méthode (ce qui n'est pas trop grave), soit par soumission à un « diablotin du temps » (ce qui l'est beaucoup plus) et notre rapport au temps devient une machine folle, sans espoir et sans sens.

Victoire ! s'exclameront peut-être à la lecture de ce qui précède les adeptes de la planification à outrance. Hélas, trois fois hélas car la suite du livre leur démontrera, du moins je l'espère, que les choses ne sont pas aussi simples et que le dilemme entre présent et futur reste irréductible. En effet, si je vis constamment dans l'instant présent, je condamne le futur, mais si je ne pense qu'à l'avenir, je ne suis plus dans l'ici et maintenant. Bruno Jarosson écrit dans *Briser la dictature du temps* :

> *Sans une capacité d'anticipation, l'action se confinerait dans la satisfaction des besoins physiologiques... L'avenir pèse sur le présent tant et tant que nous sommes incapables de nous en détacher. Nous vivons de et par l'anticipation... [Elle] est ancrée en nous, Occidentaux. Elle est constitutive de notre mode de vie, une société tout entière fondée sur la prévision et la réduction du risque.*

Il est impossible de résoudre ce dilemme. Dans la béatitude la plus complète — intimité amoureuse, méditation, travail, création artistique — vient toujours un moment où nous devons nous arracher à l'ici et maintenant pour envisager le menu du dîner. L'art du temps consiste à *danser* souplement entre le moment présent et l'anticipation de notre vie et c'est à cette danse que je convie d'ores et déjà le lecteur.

PROJETS ET PROBLÈMES**

Tout un chacun a des projets. Toute personne, lorsqu'elle s'éveille le matin, pense à ce qu'elle va faire de sa journée et ce sont des projets de journée. Toute personne, lorsqu'elle arrive à son bureau ou dans son atelier, a une certaine vision de son travail du jour et de la façon dont elle va l'inscrire dans ses heures. Toute personne, lorsqu'elle prend des vacances, a une idée de ce qu'elle veut y faire, ses projets de vacances. Le repos lui-même est un projet à partir du moment où nous en avons décidé ainsi. Se rendre à la piscine, préparer un repas sont des projets.

Acheter une maison est un grand projet et construire une installation industrielle est un très grand projet.

Ne plus avoir de projet est soit un signe de dépression psychologique[1], soit un signe de grande maturité. Il n'entre pas dans le cadre de cet ouvrage d'étudier les causes de la dépression et je ne souhaite à personne de traverser cette épreuve dans sa vie, mais je souhaite dire quelques mots sur ses liens avec le temps. Ce qui apparaît au niveau de l'expression des personnes dépressives, c'est qu'elles disent non seulement que leur présent est noir, mais qu'il leur est impossible d'imaginer un futur qui le serait moins. Elles semblent incapables de se projeter dans l'avenir d'une façon positive. La personne déprimée est prisonnière d'un « à quoi bon » qui l'empêche d'espérer. Par ricochet, cette vision d'un futur sans espérance ruine la faculté de vivre le présent de façon agréable. Mais que survienne un projet qui suscite l'intérêt du déprimé et le voilà reparti tout guilleret. « C'est l'espoir qui fait vivre », dit le dicton et je lui donne raison car être capable de se projeter de façon positive dans le futur donne du goût à l'instant, de même qu'en être incapable donne au présent un goût d'amertume.

Traitons immédiatement l'objection que les esprits pertinents se seront déjà posée. Parler de projets, c'est bien, mais la plupart des gens sont obligés de passer leur temps à résoudre des *problèmes* plutôt qu'à se lancer dans des activités qui leur plaisent. Avoir des projets personnels serait ainsi un luxe que la majorité des gens ne peuvent s'offrir, pressés qu'ils sont par mille contraintes, et en premier lieu celles fixées par les autres en général et l'employeur en particulier. Des millions de salariés ont ainsi du mal à faire coïncider leur projet propre avec celui de leur entreprise.

Discutons ces notions. Le mot *projet* a une connotation plutôt positive : on considère que la situation existante est bonne, mais qu'il y a moyen d'aller plus loin. Le mot *problème*, au contraire, a une connotation pénible. La situation existante est déplaisante, elle pose un problème que nous voulons résoudre. Mais il n'y a pas de véritable différence de nature entre les deux notions. Projet ou problème, le principe est toujours le même : mettre son énergie à parvenir dans le futur à un état différent de celui qui existe dans le présent. Il s'agit de réduire

1. La dépression « sociale » est d'un autre ordre. Voir l'introduction de ce livre.

l'écart qui existe entre une situation existante jugée insatisfaisante et une situation souhaitée jugée plus satisfaisante (fig. 1.1).

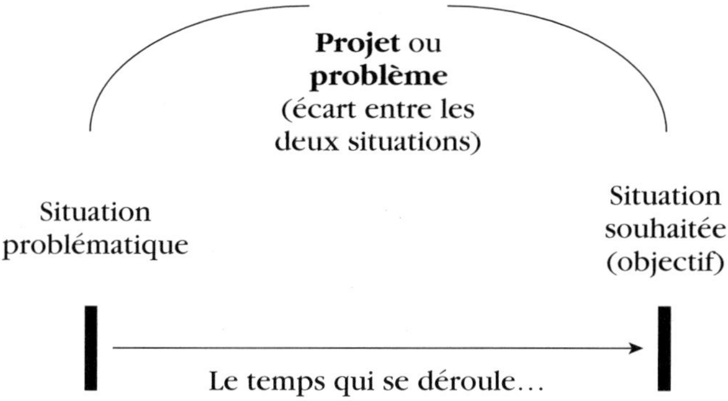

Figure 1.1

Il est, par contre, capital pour exercer efficacement sa faculté d'anticipation de ne pas confondre *problème* et *situation problématique*, ce qui est malheureusement très courant dans la vie professionnelle comme dans la vie personnelle. La *situation problématique*, c'est la situation présente, celle qui ne nous satisfait pas. Passer au *problème*, c'est déjà avoir fait la moitié du travail puisque cela implique que l'on a imaginé *concrètement* ce que serait la situation souhaitée (l'objectif à atteindre) et qu'il ne s'agit alors plus « que » de réduire l'écart avec la situation problématique. Faites l'expérience. Demandez à des personnes de votre entourage qui se plaignent facilement de tout et n'importe quoi et font état d'un « problème » d'imaginer concrètement ce que serait leur vie si celui-ci était résolu. Vous serez surpris du nombre d'entre elles qui se cabrent devant cette question, la contournent, comme si elles trouvaient leur intérêt à se complaire dans leur situation désagréable sans vouloir véritablement envisager d'option de changement. Pour ce type de personnes, savoir expliciter la situation souhaitée est un indispensable premier pas, un « must ».

Prenons pour illustrer ces notions un exemple de gestion du temps que je rencontre fréquemment dans mon travail de consultant auprès des responsables, celui d'un homme qui se lamente de ne jamais avoir fini son travail le soir en quittant le bureau. La *situation problématique* de cet homme, c'est son malaise réel, sa sensation d'inachèvement. Ce sont les dossiers qu'il pensait traiter dans la journée et qu'il n'a pas traités, ce sont les multiples petites affaires dont il aimerait être débarrassé et qu'il laisse chaque jour en suspens parce qu'il est bousculé par les urgences. La difficulté pour cet homme vient de ce qu'il ne parvient pas à imaginer la situation concrète dans laquelle il serait satisfait le soir en quittant le bureau, bref qu'il n'arrive pas à définir son *problème*. Si je l'interroge, il va sans doute dire que pour être satisfait, il faudrait qu'il parvienne à finir une bonne fois pour toutes tout son travail, ce qui est la plupart du temps impossible. Mais que je lui entrouvre une possibilité de situation satisfaisante, par exemple établir le matin une liste réaliste de tâches à accomplir dans la journée (et pas plus, comme nous le verrons au chapitre 6), qu'il fasse surtout son deuil du reste, et notre homme peut commencer à maîtriser son *problème*. Il ne s'agit plus pour lui que d'acquérir la bonne habitude de lister le matin ce qu'il veut et, dès lors, il pourra s'estimer satisfait chaque soir et partir de son bureau en sifflotant le grand air de *La Traviata*.

Temps réussi, projets réussis.

LE POISSON DU TEMPS

Le début d'un projet

L'image à laquelle j'ai recours pour présenter la façon dont les projets réussis s'inscrivent dans le temps est celle du poisson. Elle me fut donnée par un cadre de la SNECMA qui, contemplant les schémas descriptifs des phases d'ouverture et de fermeture que je dessinais au tableau lors d'une formation, me dit : « Mais c'est un poisson ! » S'il est une chose que je regrette, c'est d'avoir perdu sa trace (s'il lit ces lignes, je le prie de se manifester à moi afin que je le remercie).

Tout projet réussi commence par une *prise de recul* par rapport à la situation existante, dans une période d'ouverture féconde. L'espace des possibles s'ouvre à nous comme la tête d'un poisson s'évase vers les ouïes. Nous nous dégageons du présent pour imaginer ce que pourraient être des situations futures intéressantes. Les idées émergent, certaines vagues, d'autres précises.

Prenons pour l'illustrer un exemple familial et transportons-nous dans la salle à manger d'une famille ordinaire. Nous sommes au mois de février et Monsieur, Madame et leurs enfants parlent des vacances d'été. Le sujet est venu sur la table au moment du dessert. Monsieur indique qu'il aimerait pour une fois aller au bord de la Méditerranée pour se mettre à la peinture avec la boîte reçue à Noël. Madame rêve d'Annecy depuis qu'elle a appris l'idylle de Lamartine et de la femme du physicien Charles sur le lac du Bourget. Le garçon se moque de l'endroit à partir du moment qu'il partira avec son copain et la fille veut « du soleil ». Bref, les idées fusent, l'imaginaire travaille. Certes, les projets utopiques sont vite écartés et la famille effectue déjà en commun une petite étude de faisabilité*[1] des diverses options en triant celles qui semblent possibles. Mais rien n'est décidé, on rêve.

La tête du poisson est riche, elle comprend :

- la « bouche », le tout début des projets, le moment où l'on rêve ;
- l'« œil », partie visionnaire qui discerne le sens profond du projet ;
- la « joue » qui correspond à une première vérification de la faisabilité du projet.

La première phase d'ouverture de la « tête » est capitale, que ce soit au niveau individuel ou collectif. On est dans une période d'ouverture où plusieurs hypothèses peuvent et doivent être examinées en veillant à ne pas tuer le projet dans l'œuf par un abandon trop précoce (ce serait rester dans la « bouche »).

L'important à ce stade est de ne pas laisser échapper les idées, d'être attentif à tout ce qui émerge, de parler sans enjeu. Il s'agit de rêver, en gardant « l'œil » du poisson ouvert sur l'essentiel, de parler, de mûrir les différents objectifs possibles sans se censurer tout en vérifiant grosso modo dans la « joue » du poisson que leur réalisation n'est pas utopique (fig. 1.2).

En entreprise, cette étape correspond aux discussions de couloir, aux échanges impromptus dans lesquels chacun teste ses idées auprès des collègues, des collaborateurs ou de la hiérarchie. Parfois, cette production d'idées est organisée à l'aide d'un « remue-méninges », nom français du *brainstorming*, des techniques de la créativité.

1. Une étude de faisabilité est, en entreprise, la dénomination d'un travail de dégrossissage dans lequel on vérifie si le projet est réaliste, faisable.

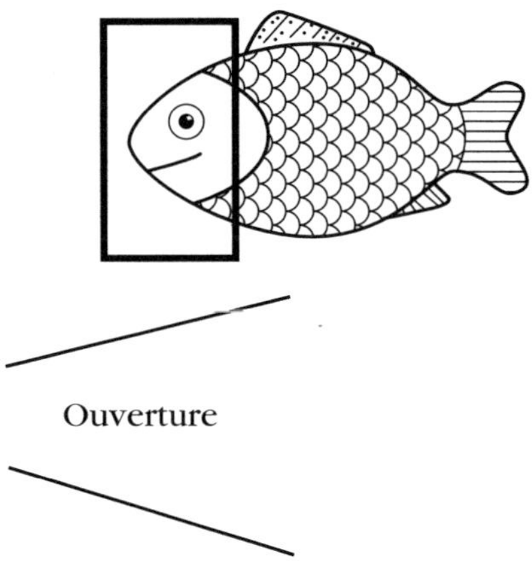

Figure 1.2 — Le début des projets

Le choix de la situation souhaitée : l'ouïe

La seconde étape d'un projet est celle du *choix* (fig. 1.3). Parmi l'ensemble des options rêvées, il s'agit de se décider en faveur d'une seule. C'est un moment difficile car il est aussi celui du *renoncement* : *vivre c'est choisir, et choisir c'est renoncer*. Dans l'exemple des vacances de tout à l'heure, le moment du choix est celui auquel, chacun ayant exprimé ses souhaits et tout le monde ayant négocié ardemment, la famille prend la décision de partir du 15 au 30 juillet dans les Cévennes, une semaine à l'hôtel en fixe et une autre en camping itinérant.

Dans un projet réussi, on se *projette* dans l'avenir en imaginant la situation souhaitée, en la décrivant dans son imaginaire (et seulement dans l'imaginaire puisque rien n'est encore mis en œuvre concrètement). La PNL* recommande à cette étape de s'imaginer l'ensemble de la situation souhaitée, non seulement en la voyant, mais en la décrivant avec ses cinq sens. Comment sera le monde ? Qu'est-ce que j'entendrai, qu'est-ce que je ressentirai comme émotions, comme saveurs, odeurs, sons ? Quelle sera ma sensation interne ? Plus la description est précise et plus l'objectif s'imprime dans les neurones. Par la suite, tout au long du projet, cette représentation mentale servira de repère lors des divers imprévus et permettra de mieux y faire face.

Le moment du choix est donc celui de la détermination de l'objectif, y compris le critère essentiel vis-à-vis du temps que constitue le délai

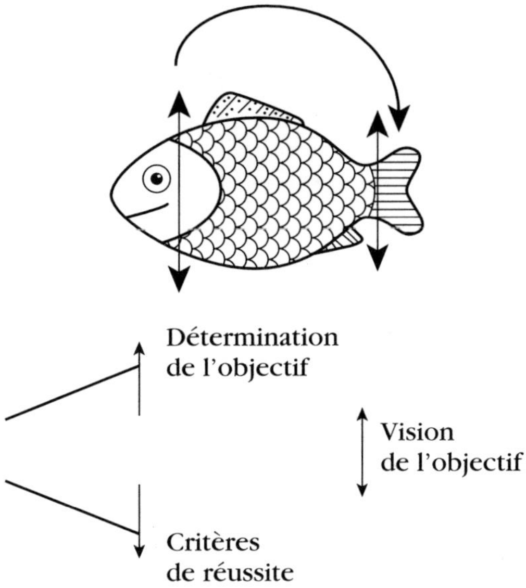

Figure 1.3 — Le moment du choix

d'exécution. C'est l'étape de l'ouïe du poisson et, si le lecteur me pardonne ce jeu de mot simpliste, du « oui » au projet.

La mise en œuvre

Une fois l'objectif posé et en disposant de suffisamment de critères de réussite pour avoir un cap directeur, il s'agit de mettre le projet concrètement en œuvre (fig. 1.4). C'est l'étape du ventre du poisson qui est le royaume des *méthodes de gestion du temps*. Il s'agit de répondre à la question suivante : « Sachant ce qu'il faut faire et la date à laquelle les choses doivent être faites, comment s'organiser pour y parvenir ? »

Tout ne se déroulera pas comme prévu dans la mise en œuvre, il y aura des imprévus parce que la vie suit son cours, que la réalité change et aussi parce que tout n'a pas pu être étudié à l'avance dans la tête du poisson. Peut-être même faudra-t-il réviser l'objectif, en contenu ou en délai. Mais si les choses ont été suffisamment imaginées dans la tête du poisson, si les choix ont été faits de façon réfléchie en dégageant des priorités dans l'ouïe, le candidat à la saine gestion de son projet s'est donné les meilleures chances de parvenir à la queue.

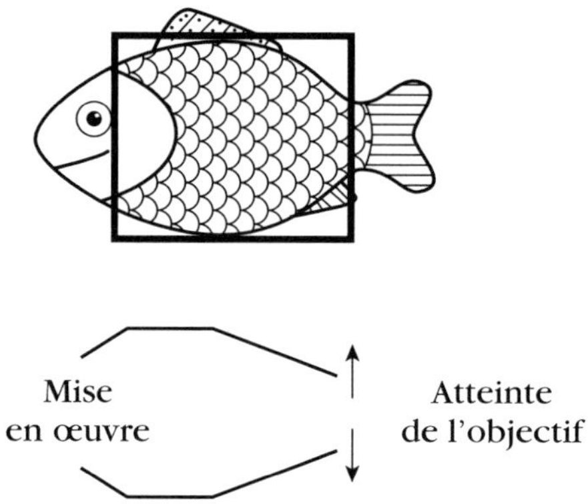

Figure 1.4 — L'étape de la mise en œuvre

Ce qu'il y a d'intéressant dans l'image du poisson, c'est qu'au fur et à mesure que l'on progresse vers l'objectif, il devient de moins en moins possible de changer le cours des choses. Ce n'est pas une heure avant un départ en location de vacances que l'on peut en changer le lieu, ce n'est pas cinq minutes avant de quitter le bureau que l'on peut s'atteler à une tâche prioritaire qui constituait le cœur de la journée. On se trouve dans une période de *fermeture*, de la même façon que le ventre du poisson se rétrécit au fur et à mesure que l'on progresse vers la queue. Les esprits imaginatifs pourront d'ailleurs se référer aux ouvrages d'ichtyologie pour trouver les types de poisson correspondant à des projets difficiles, tels l'anguille pour les projets qui vous filent entre les doigts.

L'atteinte de l'objectif

Atteindre l'objectif, c'est parvenir à la situation concrète que l'on s'était représentée au départ, y compris dans le délai prévu. Cette réussite ne peut bien sûr être pleine et entière que si l'objectif a été établi avec des critères concrets de réussite, sinon on triche. Parmi ces critères, le délai est un facteur important et pourtant, très souvent, on ne s'en fixe pas. On voudrait parvenir au terme sans se donner de contrainte de temps. C'est un discours que j'entends souvent et que je résume comme suit : « Laissez-moi vivre, ne me forcez pas à fixer des délais. Si je mets cinq heures à préparer mon repas du soir et que cela me va, c'est moi que cela regarde. Vous faites de nous des esclaves du temps qui doivent minuter, planifier, prévoir... Place à l'imprévu, la fantaisie, la souplesse, etc. »

L'expérience m'a montré que les personnes qui parlent ainsi sont soit très inconscientes, soit très sages. Les inconscientes ne se donnent pas de délai pour éviter de prendre la responsabilité de leur vie. Par contre certaines personnes emplies de sagesse ne se donnent plus de délai parce qu'elles ont appris à vivre dans l'instant présent et à savourer les minutes quelles qu'elles soient. Vous reconnaîtrez ces sages à ce qu'ils savent aussi inscrire leurs projets dans le temps lorsque c'est nécessaire.

Que faire des projets glissants ou dont il est impossible, faute d'une première expérience, de prévoir un délai d'achèvement ? Cette question m'est souvent posée par des personnes qui disent sous-estimer les délais (c'est le cas le plus fréquent) ou les surestimer (c'est rare, mais cela arrive). En fait, ne pas être capable de prévoir les durées sans qu'il s'agisse d'une difficulté occasionnée par un « diablotin du temps » est assez rare. Les héros de Jules Verne, malgré le caractère hasardeux de leurs projets, prenaient soin de les planifier soigneusement, que ce soit quatre-vingts jours autour du monde ou cinq semaines en ballon. Pour les travaux courants, on peut se constituer une bibliothèque de durées, du genre :

- préparer une réunion me demande 1 heure ;
- un entretien d'évaluation requiert 2 heures : une demi-heure pour la préparation, 1 heure et demi pour l'entretien proprement dit ;
- rédiger un compte rendu : 1 heure ;
- une page d'écriture professionnelle : environ 2 heures, tout compris ;
- etc.

Lors de la rédaction de mon premier ouvrage professionnel sur la négociation, j'avais pris soin de noter l'ensemble des heures passées (environ huit cents heures sur neuf mois) afin d'étalonner ma capacité d'écriture pour les ouvrages futurs. Compte tenu du nombre de pages requis par l'éditeur pour ce livre sur le temps, son écriture devait m'en prendre quatre cents que j'avais planifiées tout au long de l'année 1996. J'ai retrouvé ce même ratio en 1997 lors de l'écriture du *Chemin de Charles*. Je sais que la confection du bulletin professionnel que je fais quatre fois par an à l'usage de mes clients et amis me prend une huitaine d'heures, etc.

Pourtant, il est vrai que la première fois, on ne sait pas. Que faire ainsi lorsque votre entreprise vous demande d'effectuer un travail absolument nouveau ? S'engager sur une date de remise, c'est courir à l'échec. Une bonne solution est alors de prendre rendez-vous avec celui qui vous confie le travail à une date à laquelle, ayant effectué les premières études, vous pourrez préciser le délai global. C'est une sorte d'engagement à double détente : s'engager à pouvoir s'engager.

La satisfaction

Supposons que le projet se soit bien déroulé. Il a été rêvé avec enthousiasme, choisi avec réalisme et mis en œuvre rationnellement. Tout s'est bien passé et il est parvenu à son terme. Est-ce le succès ?

Non (fig. 1.5). Il manque à la fois la satisfaction, le fait de profiter du travail effectué et le chagrin de l'abandon.

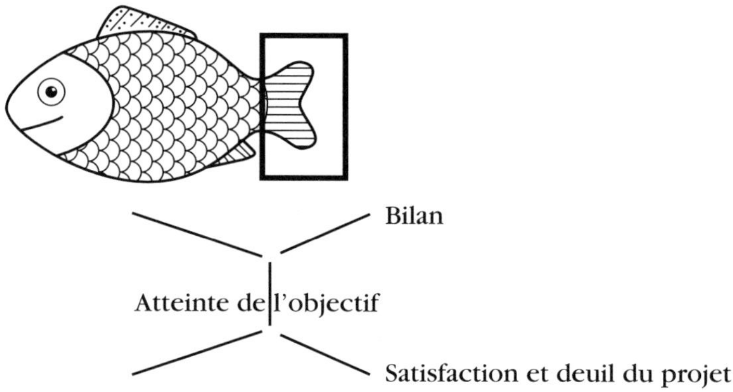

Figure 1.5 — L'étape finale d'un projet

Satisfaction : nous touchons là un point capital que bien des gens ont de la difficulté à intégrer. Profiter semble honteux, coupable. C'est encore plus vrai au niveau social, en particulier dans les entreprises où cette étape est souvent occultée. Bien des entreprises fêtent certes la fin des projets réussis, ne serait-ce que le jour de l'inauguration pour les projets industriels ou tout simplement par un « pot » pour un travail d'équipe achevé. Mais dans la vie professionnelle, la queue du poisson est plutôt consacrée au bilan et aux enseignements. Lorsque ce temps est occulté, les entreprises constatent parfois, rétrospectivement, qu'elles ont refait trois fois les mêmes choses faute de capitalisation d'expérience.

Concrètement, comment vivre la satisfaction ? Au niveau personnel, lorsque l'on a réussi un projet, c'est le moment de contempler, de profiter du travail, de savourer la réussite. On prend l'habitude de dire doucement au revoir à ses œuvres, à ses journées, et ceci d'autant plus facilement qu'elles ont été effectuées avec efficacité et sérénité. Si l'on est salarié, c'est aussi profiter au mieux de l'argent du salaire. Jean-Louis Servan-Schreiber dénonce à ce propos l'aliénation qui nous pousse à dépenser pour acquérir des biens dont nous ne prendrons pas le temps de profiter lorsqu'il écrit[1] : « Les économistes ont omis de prendre en compte un détail : consommer prend du temps… Levez-vous, livres jamais lus, disques écoutés une seule fois, habits à peine portés, cassettes TV enregistrées sans être jamais rejouées… Vue sous l'angle de l'utilisation du temps, la consommation est la grande névrose du siècle[2]. Du moins si l'on retient la définition la moins "psy" de la névrose : c'est quand quelqu'un d'intelligent fait quelque chose de bête. »

L'absence de satisfaction n'est pas seulement « bête », elle empêche aussi de tourner effectivement la page d'un projet. C'est la seconde fonction de la queue du poisson : accepter l'inéluctabilité du temps qui avance et vivre le chagrin de la fin des projets qui nous rapproche en définitive de notre mort. Peut-être est-ce la raison pour laquelle certains individus ou groupes refusent d'entrer dans la queue du poisson et, dès qu'un projet est terminé, en commencent immédiatement dans un autre. Cette frénésie permet d'oublier. En apparence. Car tôt ou tard, l'âge nous rattrape.

Ce qui est dommage lorsqu'on escamote ainsi la queue des poissons, c'est que l'esprit n'est plus assez dégagé ni ouvert pour entamer véritablement de nouveaux poissons, de nouveaux projets. Pour prendre un exemple quotidien, si l'on n'est pas satisfait de chaque journée, comment être disponible pour le travail du lendemain ? On constate en effet sur l'image du « poisson » que la queue est, comme la tête, une

1. *L'Art du temps*, voir la bibliographie.
2. Il s'agissait du XXe siècle, mais les choses n'ont guère changé au XXIe.

période d'ouverture. Elle permet de dégager l'esprit et de repartir pour d'autres projets (fig. 1.6). Faute de consacrer du temps à cette étape, on se précipite tout de suite sur un nouvel objectif sans prendre le temps d'examiner le sens de celui-ci, ou bien on réinvente la poudre. Agir ainsi est une façon de passer le temps lorsque l'on n'ose pas vivre et donc prendre le risque du succès (qui est, d'expérience, parfois plus éprouvant que l'échec, car que faire lorsque l'on a réussi ? — cette question importante sera examinée dans le chapitre 5).

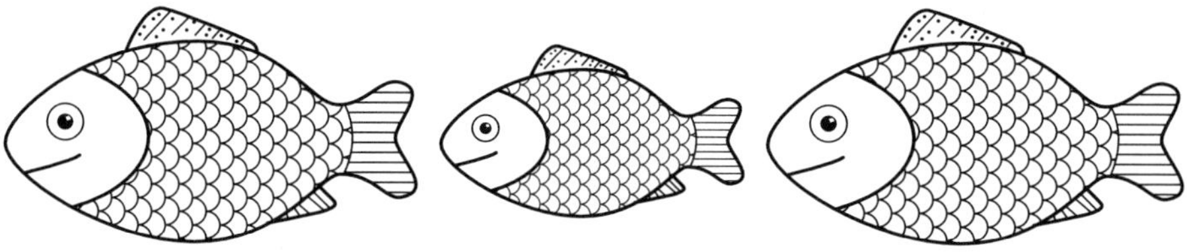

Figure 1.6 — Un projet réussi suit l'autre

CHOISIR SES PROJETS, TEMPS « OBLIGÉ » ET TEMPS « À SOI »

Certains posent la question : est-il vraiment possible de choisir ses projets ? C'est une question philosophique à laquelle je ne peux répondre que par ma croyance personnelle : oui. L'être humain est fondamentalement libre et même lorsque les circonstances de la vie le contraignent, il reste toujours libre et responsable en dernier ressort. Il peut :

- avoir des projets personnels et les entreprendre ;
- avoir de tels projets, mais y renoncer ;
- se trouver engagé dans des projets collectifs (comme c'est le cas en entreprise) et y adhérer ;
- se trouver ainsi engagé, mais en s'y soustrayant pour toute raison psychologique, éthique, etc.

L'être humain peut même, si l'on se place sur le plan spirituel :

- se sentir appelé à un projet qui dépasse son humanité et y réponde (ce que les chrétiens appellent faire la « volonté de Dieu » et les militants de toutes sortes « s'engager ») ;
- ou ne pas y répondre.

Dans la vie de tous les jours, le choix pratique de ce que nous décidons de mettre en œuvre est souvent influencé par des considérations sociales, généralement des engagements auxquels il est difficile de se soustraire au niveau de la vie collective : réunions, rendez-vous, documents à remettre pour telle date, obligations sociales, etc. Le choix s'impose alors de lui-même et le remettre en question n'est pas réaliste.

Nous utiliserons tout au long de ce livre le concept de temps « obligé* » (ou d'occupations « obligées ») et de temps « à soi* » (ou d'occupations « à soi ») car l'impact sur l'organisation du temps de ces deux notions est considérable. Voyons-les.

Les occupations *obligées* sont celles dont nous ne sommes pas ou peu maîtres. Même si nous pouvons théoriquement en changer le contenu et le moment en faisant fi des conséquences, nous sommes en fait ligotés par les contraintes de la vie sociale et les engagements que nous avons pris. Un bon exemple est la réunion car, dans la plupart des cas, les participants n'ont que peu de pouvoir pour en changer la date et l'ordre du jour. Si votre patron a ainsi prévu une réunion d'une journée de votre service, il vous est difficile de choisir autre chose, il vous *faut* participer. Une autre occupation obligée serait par exemple un rendez-vous important dont il vous serait difficile de vous dégager de votre propre initiative. Au niveau personnel, si Monsieur a pris par exemple des places à l'opéra avec Madame pour mercredi soir, il est assez difficile de renoncer à la dernière minute sous prétexte que Monsieur « n'a pas envie » car cela fait un mois que les billets sont réservés et que les places ont coûté quelques dizaines d'euros. La soirée à l'opéra est une occupation *obligée*.

Modifier le caractère obligé de ces occupations demande beaucoup d'énergie, souvent des justifications, car les occupations obligées sont le fondement du temps social et si chacun pouvait s'en dégager au gré de sa fantaisie, plus aucune vie en commun ne serait possible.

À l'inverse, le temps *à soi* est celui dont nous sommes maîtres. Nous pouvons décider de ce que nous y faisons et du moment auquel nous le faisons. La plupart du temps passé hors du travail ou des rencontres de la vie sociale prévues de longue date est fait d'occupations « à soi » : soirées, week-ends, vacances... Dans la vie professionnelle, le temps « à soi » est celui où nous avons la possibilité d'organiser notre travail sans avoir à rendre compte du moment où nous le faisons ni comment nous le faisons. Plus nous avons de temps « à nous » et plus il nous est facile de le planifier. Tout l'art des personnes qui ont, du fait de leurs fonctions professionnelles, une grande quantité d'heures « obligées » va être de rentabiliser au mieux le peu de temps « à elles » qui leur reste et de trouver des méthodes pour se dégager au maximum du carcan du temps « obligé ». Ceci nécessite un courage certain et une conscience aiguë des priorités[1].

La répartition entre les occupations « obligées » et les occupations « à soi » varie considérablement suivant les professions. Plus une personne a de fonctions officielles et plus ses occupations sont obligées (trois quarts du temps d'un ministre sont occupés de façon obligée). C'est également le cas — et sans que je fasse de lien avec les occupations ministérielles — pour les métiers à la chaîne dans lesquels le salarié n'a pas le choix de ce qu'il fait ni du moment où il le fait. À l'inverse, un cadre chargé de réfléchir à la stratégie de son entreprise et qui n'a aucune réunion en vue est en mesure de planifier toutes les heures de sa journée, tout son temps est « à lui ». Il peut décider de faire ceci avant cela, de téléphoner à Untel à telle heure et d'écrire à tel autre moment.

Ce que nous ne programmons pas et ne planifions pas est par définition *imprévu*. Un imprévu peut venir des autres, typiquement la sonnerie du téléphone et ce qui s'en suit lorsque nous décrochons. Mais l'imprévu peut aussi venir de nous-même, lorsque nous décidons de faire brusquement quelque chose alors que nous n'en avions pas la moindre idée cinq minutes auparavant. Et si nous dérangeons Untel pour tester une idée qui nous est passée par la tête ou pour papoter, il y a double imprévu : pour nous, et pour lui. La durée et la répartition des « imprévus » sont par définition imprévisibles, mais comme dans la loi des grands nombres, la quantité globale d'imprévus est pratiquement la même chaque jour (souvent une à deux heures pour un métier de bureau). La connaître est extrêmement utile car il devient possible de l'intégrer dans sa planification du jour (voir le chapitre 7).

L'imprévu a mauvaise presse en gestion du temps et lorsque nous en parlons, c'est généralement pour nous plaindre. Pourtant, il favorise les contacts informels, satisfait notre envie de changement et notre besoin de contacts. Les calculs de répartition du temps professionnel entre

1. La comparaison entre les priorités affichées par un dirigeant (à partir de sa stratégie déclarée) et son agenda est un travail extrêmement utile en « coaching ». Se reporter au *Métier de coach*, de l'auteur.

l'« obligé », le « à soi » et l'« imprévu » proposés dans les stages de gestion du temps indiquent qu'au-dessous d'une heure d'imprévu par jour, les personnes ont une vie sociale réduite, situation qui n'est pas blâmable en soi car elle convient parfaitement à certains métiers et types de personnalité. Le veilleur de nuit, par exemple, a du temps obligé (ses rondes), du temps libre qu'il peut planifier entre deux rondes et, on peut l'espérer, peu d'imprévus. Une hôtesse d'accueil n'a que des imprévus.

Connaître la répartition usuelle de son temps entre l'« obligé », le « à soi » et la quantité probable d'« imprévu » peut s'avérer utile, la virtuosité consistant à tirer le meilleur parti du temps que nous pouvons garder comme temps « à nous », en réfléchissant à deux fois avant d'accepter du temps *obligé*.

Exercice n° 2 (10 à 30 minutes) : La queue du poisson

Prenez un projet que vous avez mené à bien, personnel ou professionnel, dont vous êtes toujours particulièrement fier. Qu'il soit petit ou grand n'a pas d'importance, l'important à ce stade est que vous l'ayez mené à bien et que pour cela vous ayez vérifié les points suivants :

• Vous y avez complètement adhéré et vous l'avez fait vôtre, même si l'idée vous en a été donnée par autrui ou si c'est autrui qui vous a demandé de le faire (cas fréquent au niveau professionnel).

• Vous n'y avez pas déployé d'efforts inutiles, votre énergie s'est toujours déployée à bon escient et vous avez eu du plaisir pendant la plus grande partie du projet.

• Au terme de vos efforts, vous êtes parvenu à peu près à ce que vous aviez décidé au départ. Les modifications apportées en cours de route n'ont pas remis en cause le projet de façon fondamentale.

• Vous avez su composer avec la réalité tout au long du projet, sans sacrifier l'essentiel mais en évitant les pièges du perfectionnisme.

Exemples de projets

• Un voyage à l'étranger.

• Un travail créatif quel qu'il soit (peinture, décoration de maison, bricolage, écriture).

• Un déménagement.

• Une réalisation professionnelle, petite ou grande, que vous avez menée de façon exemplaire et qui fait partie de vos titres de gloire.

• Autre…

Revivez maintenant l'histoire de ce projet dans tous ses détails. Comment l'envie de vous y mettre est-elle venue ? Quelles étaient vos interrogations de départ ? Qu'est-ce qui vous a plu dans le projet et quelles étaient vos appréhensions (peut être vous font-elles sourire ?) Souvenez-vous aussi des hésitations que vous avez eues lorsqu'il a fallu vous engager pour de bon dans le projet.

Pensez ensuite aux difficultés de tous ordres que vous avez eues en cours de route et à la façon dont vous y avez fait face parce que vous teniez à l'achèvement complet du projet, puis revivez l'aboutissement de celui-ci et ressentez à nouveau la satisfaction d'avoir réussi, ainsi que le chagrin que tout ceci soit fini.
Quels sont les autres sentiments qui vous habitent en repensant à cette réussite ?

Exercice n° 3 (1 heure) : La tête du poisson

Fermez ce livre et trouvez dans votre emploi du temps une heure de disponible pour la passer en compagnie d'un projet qui vous tient à cœur, mais que vous n'avez jamais eu le temps, les moyens ou le courage de commencer. Puis sortez et marchez en silence. Écartez de votre esprit toute réflexion et rêvez votre projet. Surtout, ne vous censurez pas et ne le rejetez pas sous prétexte qu'il est irréaliste. Creusez ce projet, visualisez-le. Peu à peu, insérez-y la réalité de votre vie de façon à le transformer en projet possible. Voyez ce que sera votre vie lorsque vous aurez réussi votre projet et visualisez-en les grandes étapes. Rentré chez vous, prenez quelques notes. Elles vous serviront de base de travail si vous voulez réaliser concrètement votre projet.

Le poisson du temps

Suggestions

- Considérer la maîtrise du temps comme une succession de projets à accomplir.
- Prendre du temps pour la tête et la queue du poisson.

2

LES DIABLOTINS DU TEMPS

SYNTHÈSE

Nos difficultés de temps liées à notre personnalité viennent de notre soumission à plusieurs « diablotins » répartis en quatre « bandes » : celle de la pensée magique, celle du non-choix, celle de l'échec en cours de route et celle de la morosité. Le but de ces diablotins est de gêner le temps de notre existence en nous empêchant d'être lucides, tenaces et sereins. Ils s'en prennent aux personnes et aux groupes.

Si nous nous rendons esclaves des diablotins du temps, nous finissons par gâcher le temps de notre vie. Une bonne option est de prendre conscience de leur existence et de leur façon d'agir, puis de nous donner la permission de leur désobéir.

À CHACUN SA FAÇON DE RÉUSSIR… ET D'ÉCHOUER !

L'une des erreurs les plus communes en gestion du temps est de croire qu'il existe une démarche rationnelle typique qu'il suffirait d'appliquer, une sorte de méthode universelle qui permettrait à chacun de bien gérer son temps quelles que soient sa personnalité et son histoire. Cette illusion nous guette chaque fois que nous nous laissons séduire par une « technique » de gestion du temps : agenda, organiseur, logiciel spécialisé, recours aux recettes habilement présentées par les vendeurs de gestion du temps. Mais c'est une utopie. Nous avons eu chacun tout au long de notre vie une certaine façon de construire notre rapport au temps et nos problèmes individuels en ce domaine ne sont pas comparables. Il existe certes d'excellentes méthodes pour mieux s'organiser, mais une question revient, incontournable et permanente : « Comment se fait-il que je ne parvienne pas, *moi*, à appliquer ces excellentes méthodes ? »

D'où vient cette illusion ? Pour le comprendre, revenons en arrière et remémorons-nous comment notre perception du temps s'est construite entre la petite enfance et l'âge adulte.

LA CONSTRUCTION DE LA NOTION DU TEMPS

La construction de la notion de temps a lieu à la fin de la petite enfance (entre six et huit ans). Avant cet âge, le temps de l'enfant est régulé par l'environnement : milieu familial, école maternelle, entourage adulte. L'enfant vit son temps propre et celui-ci est décalé par rapport au temps chronologique des adultes, sans d'ailleurs que les incohérences qui en résultent lui posent problème car l'enfant les explique par la « pensée magique ». Il reste centré sur lui-même et vit l'instant présent en fonction de sa réalité intérieure. Ainsi, si quelque chose lui déplaît, l'enfant dit que cela dure « longtemps » et si cela lui plaît, comme au moment du jeu, il n'a pas vraiment conscience que les heures s'écoulent.

Le changement clef a lieu vers sept ans[1], lorsque l'enfant découvre la mesure du temps. Il a déjà appris à lire l'heure, mais intègre à ce moment-là la notion de sériation, c'est-à-dire la capacité de savoir disposer les choses dans un certain ordre. Dans la foulée et notamment du fait de l'insertion scolaire, l'enfant accède au stade de l'intelligence dite « opératoire », c'est-à-dire qu'il devient capable de structurer et de coordonner les représentations mentales qui facilitent la compréhen-

1. J'ai repris ici en la résumant à l'extrême la pensée de Jean Piaget. Voir la bibliographie.

sion de son environnement et ses échanges avec lui. Il accède alors graduellement à une « maturité de temps » qui se consolide jusqu'à l'âge adulte, en prenant conscience de trois aspects étrangers au monde de la petite enfance :

— Le temps a une mesure sociale qui ne correspond pas aux événements et rythmes affectifs ;

— La réalisation d'un projet implique un travail de visualisation de la tâche terminée ;

— La réalisation d'un projet implique un travail de planification. Elle suppose que certaines choses soient faites avant d'autres (sériation) et qu'en cas de difficulté, on sache se donner des priorités.

Pendant ce parcours qui l'amènera à la maturité, l'enfant va effectuer le deuil du temps insouciant des premières années de la vie. Il réalise que certaines choses sont inéluctables et fait (ou devrait faire) le deuil de la pensée magique. C'est difficile. Il abandonne l'idée selon laquelle les choses vont arriver parce qu'il veut qu'elles arrivent, et se passer comme il veut qu'elles se passent. Il doit apprendre à s'organiser pour adapter son temps personnel aux exigences du travail scolaire. Il réalise (ou devrait réaliser) que l'imprévu existe vraiment. Il doit ainsi renoncer à l'idée de sa toute-puissance en se heurtant à l'épreuve de la réalité, au décalage entre ce qu'il rêve de faire ou d'être et les résultats concrets de son travail. La réalité est impitoyable : pour mener à bien un projet, il faut l'anticiper, le choisir et y consacrer les moyens et le délai nécessaires. Il faut aussi se donner des priorités.

Si l'enfant n'a pas franchi ces étapes de croissance pour accéder à la maturité adulte, il adopte des mauvaises habitudes de temps qui vont perdurer à l'âge adulte. La plupart découlent d'ailleurs directement des croyances héritées de la petite enfance sur sa capacité fondamentale à réussir, croyances dépendant pour la plupart de l'attitude des parents à son égard[1].

1. On peut se reporter à ce sujet à la formation du scénario telle qu'elle est décrite par les analystes transactionnels et aux cinq « messages contraignants* » de Taibi Kahler dont certains sont directement liés à tel ou tel « diablotin ». Voir à ce sujet la bibliographie commentée.

Face à ces deuils de l'enfance, certains réussissent trop bien : en se structurant à l'excès, ils perdent trois caractéristiques de l'enfance sans lesquelles il est impossible de vivre le temps de façon heureuse :

- la capacité de rêver ;
- la capacité de s'adapter rapidement à des circonstances nouvelles ;
- la capacité de profiter pleinement du moment présent.

L'entrée dans le monde adulte et surtout le monde du travail est à cet égard une étape décisive qui angoisse souvent la jeunesse. La croyance culturelle est en effet que « maintenant, il ne s'agit plus de s'amuser ». Certains jeunes adultes tournent alors définitivement le dos à l'enfance et à la joie de vivre des primes années. Ils étouffent leur créativité, leur spontanéité, leur imagination et se coulent dans une attitude dite « adulte » selon laquelle il s'agit désormais de vivre exclusivement avec méthode, planification et ténacité. Il faudra souvent un long chemin à ces adultes pour réapprendre la fantaisie et retrouver le plaisir de l'ici et « maintenant ».

L'image du « poisson du temps » du chapitre précédent permet de distinguer diverses façons d'échouer qui seront illustrées au paragraphe suivant par l'action redoutable des « diablotins du temps ». Une personne peut échouer parce que :

- elle est passée à la réalisation sans avoir anticipé les étapes, les difficultés… ou les délais (maladie de temps de la tête) ;
- elle n'a pas choisi (maladie de temps de l'ouïe) ;
- elle a abandonné un projet en cours, de son propre fait ou à cause des autres (maladie de temps du ventre) ;
- la réalisation de projets est devenue une fin en soi et qu'elle ne sait plus s'arrêter (maladie de temps de la queue).

LES DIABLOTINS DU TEMPS

Dans le voyage qui nous conduit de l'enfance à l'âge adulte, nous rencontrons périodiquement un ou plusieurs « diablotins » qui vont tenter de gêner notre évolution et nous empêcher d'acquérir les trois grandes qualités du « bonheur du temps » : la lucidité, la ténacité et la sérénité. Les diablotins prennent un grand plaisir à agir ainsi, au grand désespoir des autres parties de nous-mêmes qui aspirent à la réussite et au bonheur. Ils sont victorieux chaque fois que leur action aboutit à un gâchis de temps (manque d'efficience) ou à une sensation de pesanteur du temps qui passe (manque de sérénité).

Les diablotins se manifestent très tôt, dès que le petit enfant veut poser trois cubes l'un sur l'autre et n'y parvient pas. De ce point de vue, les encouragements donnés (ou non donnés, hélas !) par les parents, ainsi que la confiance qu'ils ont en la capacité de réussite de leur enfant (ou n'ont pas, doublement hélas !), jouent de ce point de vue un rôle capital. Mais c'est à l'entrée dans le monde scolaire, puis dans le monde adulte que les choses se cristallisent. C'est le moment des désillusions et face à la découverte de ses difficultés et de ses limites, l'enfant ou l'adolescent peut prendre l'habitude d'échouer à sa façon en adoptant comme compagnons de route certains diablotins plutôt que d'affronter les difficultés.

La plupart des diablotins se manifestent à certains stades du poisson du temps, en fournissant mille prétextes apparemment raisonnables pour justifier les échecs. À faible dose, leurs messages ont cependant un effet positif : les personnes acquièrent une conscience aiguë des difficultés et des problèmes. Même s'il s'agit là de prétextes pour échapper à la réussite, les personnes qui sont sensibles à un ou plusieurs de ces diablotins peuvent donc les remercier de les mettre en garde, tout en passant outre à la surestimation des problèmes dont les diablotins font (intentionnellement) une montagne.

Les diablotins se regroupent en quatre bandes :

- la bande de la *pensée magique* où se retrouvent trois diablotins qui nous empêchent d'être lucides : le diablotin Cigale (ne pas anticiper), le diablotin Marmotte (rêvasser, mais ne pas accomplir) et le diablotin des Pendules folles (sous-estimer les délais) ;
- la bande du *non-choix* où se retrouvent trois diablotins qui nous empêchent de passer à la réalisation concrète : le diablotin Hibou de l'hésitation chronique, le diablotin Sancho Pança de la peur des responsabilités et le diablotin On de la dilution des responsabilités ;
- la bande de l'*échec en cours de route* avec deux diablotins qui nous empêchent de parvenir au bout de nos projets : le diablotin Papillonne ! (se disperser) et le diablotin Sois sympa ! (se dévouer à outrance) ;
- les diablotins de l'*échec sournois* qui nous font croire à la réussite, mais gâchent notre temps présent ou futur. Le diablotin Ne

t'arrête pas ! nous empêche de vivre l'instant présent ou profiter du travail accompli. Le diablotin 36 fois la même chose nous fait refaire… trente-six fois la même chose.

Les diablotins nous parlent avec des mots familiers et des messages apparemment pleins de sagesse, qu'ils insinuent dans notre esprit tout au long de nos journées, comme le ferait un compagnon encombrant qui suivrait nos pas où que nous allions. Cet ami se rapproche dès que nous rencontrons un stress, un problème. Il nous tape amicalement sur l'épaule en murmurant à voix basse ses mots tentateurs, sans que cela ait d'autre conséquence dommageable au quotidien que de nous gêner dans notre façon de vivre notre temps. Cependant, par accumulation sournoise, ces diablotins finissent par nous gâcher la vie. Parfois, ils se muent en démons et provoquent de véritables accidents (ne pas vérifier la pression des pneus avant un long parcours en ayant écouté le diablotin Marmotte et avoir un accident sur une autoroute en est un exemple). Ils ne sont donc pas aussi innocents qu'ils pourraient le paraître au premier abord.

Partons maintenant à la découverte de ces petits monstres. Avant d'en lire ci-dessous la description, je vous invite d'abord à vous reporter à **l'annexe 2** p. 199 où vous trouverez un questionnaire qui vous permettra de déceler vos diablotins favoris. Ce sera votre **exercice n° 4**.

LES DIABLOTINS DE LA PENSÉE MAGIQUE

Caractéristiques essentielles des diablotins de la pensée magique

La bande de la pensée magique déploie son activité auprès de ceux, personnes ou groupes, qui ont des difficultés pour anticiper la nature d'une tâche (fixer un objectif) ou estimer le délai qu'il faut pour l'accomplir. Leur hantise est d'affronter la réalité. Les personnes voudraient retourner au stade enfantin, quand les adultes pensaient pour elles et qu'il n'y avait pas de responsabilité à prendre, en particulier au niveau du temps. Elles s'imaginent que les choses se feront simplement parce qu'elles le veulent, aussi rapidement ou lentement qu'elles le souhaitent. Les trois diablotins tentateurs, le Cigale, le Marmotte et les Pendules folles se manifestent dans la tête du poisson, en obscurcissant la perception de la réalité et en minimisant les conséquences négatives des problèmes qui ne seront pas résolus.

Cependant, les personnes qui ont gardé une partie de pensée magique ont un atout : elles ont confiance dans la vie et les autres, et souvent ceux-ci leur donnent raison. Il ne s'agit donc pas de perdre cette confiance, mais simplement de distinguer les chimères de la réalité. En renonçant progressivement à la pensée magique, elles apprendront par l'expérience quels sont les délais, les moyens, et la succession des étapes nécessaires à la réussite. Elles prêteront plus d'attention à la réalité des obstacles, à leurs conséquences lorsqu'ils surviendront en cours de route.

Le diablotin Cigale

Ainsi nommé parce qu'il ne se soucie pas de l'avenir (l'hiver dans la fable de La Fontaine), le diablotin Cigale chante ses mots tentateurs :

« Ne prépare pas, pourquoi t'inquiéter à l'avance ? Les choses s'arrangent toujours d'elles-mêmes et il sera toujours temps pour toi de résoudre les problèmes quand ils se présenteront. Par exemple, si tu commences à bricoler, inutile de prévoir dans le détail ce que tu veux construire ni d'avoir les outils nécessaires. À quoi bon tracer un plan et vérifier que tu as tous les outils ? Tu parviendras toujours à te débrouiller. Et lorsque tu devras tout recommencer ou perdre une heure pour aller chez le quincaillier chercher un tournevis, moi je rirai. »

« Pourquoi ranger tes affaires ? Cela peut être fait aussi bien demain qu'aujourd'hui et il te sera toujours possible d'aller pêcher dans ton fouillis. Et quand tu chercheras un papier à cause d'une urgence et ne le trouveras pas, moi je rirai. »

« Pourquoi faire les travaux ennuyeux maintenant ? Mieux vaut les retarder autant que possible. Attends la dernière minute. Et quand tu t'affoleras parce qu'il n'y aura plus assez de temps pour faire le travail, moi j'aurai gagné. »

« Ne prépare pas, n'anticipe pas, ne réfléchis pas. Ce qui compte, c'est de réaliser ton rêve, tout de suite. Il n'y a pas de temps à perdre, vas-y. Quand tu t'apercevras que les choses ont été faites dans le désordre et qu'il faut tout reprendre à zéro, je jubilerai. »

Le Cigale se manifeste par une difficulté d'anticipation et de planification. Les personnes (ou le groupe) éprouvent des difficultés à se forger

une vision claire de l'avenir (objectif et non-but[1]*) et à s'organiser pour l'atteindre. Elles sont dans une pensée magique de toute-puissance et croient dur comme fer que « puisque je le veux, ça se fera ». Le point faible du poisson est pour eux la *joue*, l'endroit où l'on anticipe. Elles ne préparent pas le travail, n'anticipent pas les étapes et ne se donnent pas les moyens de la réussite. Elles ont aussi tendance à se donner des objectifs irréalistes. Dans l'ouïe du poisson (moment du choix), elles prennent des décisions irréfléchies. Enfin, dans le ventre, elles ne s'arrêtent pas pour effectuer des étapes de vérification en cours de route.

Les catastrophes les plus graves provoquées par le diablotin Cigale sont les accidents dus au manque d'anticipation. De façon moins dramatique, on trouve (de façon non exclusive) les retards systématiques, le fait d'attendre le dernier moment pour se mettre au travail, les bureaux en désordre. Les personnes Cigale font des promesses qu'elles ne tiennent pas, n'ont pas d'agenda ou en ont plusieurs avec lesquels elles ont des « conflits d'agenda » (voir chap. 7).

Le Cigale s'en prend aussi aux groupes et les lance dans des projets irréalistes. Au niveau des entreprises ou de l'État, les conséquences financières sont souvent énormes.

Les personnes Cigale doivent apprendre à prendre du recul pour réfléchir, et se donner du temps à cet effet, soit au début d'un projet, soit en cours de route.

Comme je le ferai pour chaque diablotin, voici une permission personnelle et une désobéissance utile pour contrecarrer les messages tentateurs :

Face au chant de la « Cigale »

Permission personnelle : « Tu as le pouvoir de réfléchir pour t'organiser. »

Désobéissance : « Tu as tort, diablotin Cigale : confiance en la vie ne signifie pas ni insouciance. Désolé, mais je vais préparer. »

Conseils pratiques : Lire attentivement le chapitre 3 de ce livre, tenir à jour un minimum d'agenda, vérifier que l'on a les moyens nécessaires avant de commencer quelque chose.

---

1. Voir le chapitre 3.

Le diablotin Marmotte

« Ne t'aventure pas, dors. Se lancer dans des projets, c'est dangereux. Mène une vie calme et contente-toi du minimum. Face aux défis de la vie, il vaut mieux se tenir à l'écart de toute initiative. Un jour, tu seras face au vide de ta vie et j'aurai gagné. »

« Chaque jour qui passe et où tu es resté passif est pour moi une victoire. »

« Rêve, évade-toi. Ce qui compte, c'est que tu aies un monde intérieur riche. À la fin de ta vie, tu n'auras rien fait, mais tu auras beaucoup rêvé et moi je jubilerai parce que tu n'auras pas réalisé tes rêves. »

Le Marmotte se manifeste par la passivité. Sa devise pourrait être : « Mieux vaut rêver de l'Everest que réussir le mont Blanc ». La personne rêve de beaux projets, mais ne parvient pas à se fixer d'objectif concret ni à visualiser concrètement le projet. Lorsque le cap de l'ouïe est franchi, la plupart du temps grâce à l'aide d'un tiers qui pousse à l'action, elle accomplit cependant le travail avec zèle, patience et soin à condition d'avoir reçu des directives claires. Mais que survienne une difficulté qui demande de prendre des initiatives et elle rencontre à nouveau son diablotin Marmotte qui lui intime l'ordre de s'arrêter.

L'agenda de la personne victime de la personne Marmotte est vide. Souvent, elle n'en a pas. Elle se complaît dans les occupations « obligées » ou qui ne nécessitent pas de se fixer un délai précis. Elle est mal à l'aise lorsqu'il lui faut planifier son temps personnel ou s'il y a des imprévus. La personne victime du diablotin Marmotte a les qualités de ses défauts et termine son travail en temps voulu à la seule condition qu'on lui ait indiqué précisément le délai.

Elle doit engager de petits projets et les réussir, car elle a besoin de se faire confiance et peut s'allier avec des personnes bienveillantes et suffisamment matures pour la ramener dans le concret. Ce sont les nombreuses et petites réussites qui lui permettront de renoncer à ses vieilles croyances et de se rendre compte que ses rêves peuvent s'incarner. Lorsqu'elle aura ainsi engrangé un certain nombre de petites, puis grandes, réussites, elle pourra changer sa croyance fondamentale et conclure comme Einstein qu'en définitive « le monde est amical ».

Au niveau des groupes, le diablotin Marmotte lance de belles paroles, fait naître de beaux rêves. Mais de commencement d'action, point. Les vœux pieux fleurissent, mais rien de concret ne s'ensuit.

Face à la tentation de rester passif du diablotin Marmotte

Permission personnelle : « Tu as le pouvoir d'entreprendre. »

Désobéissance : « Tu as tort, diablotin Marmotte : La vie offre de multiples possibilités gratifiantes. Désolé, mais je vais oser. »

Conseils pratiques : Distinguer les moments de rêverie (pour le plaisir) et ceux des rêves féconds (générateurs de projets réalistes). Prêter une grande attention à la réussite des petits projets. Se faire aider par des gens patients et tenaces.

Le diablotin des Pendules folles (et son cousin le Vite Vite)

« Tu as tellement envie de faire ceci que tu y parviendras très vite. Inutile de vérifier. Fonce, dépêche-toi. Quand ton travail sera bousculé parce que tu n'auras pas bien estimé les délais, moi j'aurai gagné. »

« Tu ne sais pas combien de temps cela te prendra ? Mais ce n'est pas grave ! D'ailleurs comment le savoir ? Il y a tellement d'aléas ! »

« Tu as établi ta liste matinale de choses à faire ? Bravo ! Mais il est inutile de vérifier les durées de ces tâches et de t'assurer que tu auras le temps de tout faire d'ici-là. Ce soir comme tous les soirs, je serai le vainqueur car tu n'auras pas terminé ta liste. »

Le diablotin des Pendules folles brouille les idées que peut avoir la personne au niveau des délais. Il agit au niveau de la tête du poisson, lorsque la personne sous-estime les durées nécessaires (c'est le cas le plus fréquent), ou les surestime. La conséquence directe, c'est le retard en phase finale.

Ce diablotin a un cousin particulièrement redoutable : le Vite Vite. La personne est en permanence agitée, a des tics d'impatience et ne supporte pas d'attendre dans un magasin, un hall de gare ou une connexion internet qui traîne à s'établir. On a l'impression qu'elle redoute plus que tout de manquer de temps et que la valeur d'une tâche tient essentiellement à la rapidité avec laquelle elle est accomplie. Le Vite Vite, lorsqu'il garde une place raisonnable, a cependant un atout : il développe le talent de faire efficacement plusieurs choses en même temps.

Le Vite Vite a pris depuis quelques dizaines d'années une place considérable dans les milieux professionnels. « Allez toujours plus vite », murmure-t-il aux responsables. Pressées par leur propre hiérarchie ou par les clients, certaines personnes qui n'étaient pas psychologiquement soumises au « vite vite » se laissent tenter par lui. Elles décrochent de la réalité et, par crainte de paraître lentes, annoncent en permanence des délais qui ne sont jamais tenus.

Face au diablotin des Pendules folles (ou du Vite Vite)

Permission personnelle : « Prends le temps d'estimer le temps qu'il faudra. »

Désobéissance : « Tu as tort, diablotin des Pendules folles : Si je triche avec les délais, ils se vengeront sans pitié. Désolé, mais je vais regarder combien de temps il faut. »

Conseils pratiques : S'entourer de personnes calmes. Se donner à soi-même des consignes « STOP » lorsque le sentiment d'urgence apparaît. Surtout, devenir un champion de la définition des priorités.

LES DIABLOTINS DU NON-CHOIX

Caractéristiques essentielles des diablotins du non-choix

La bande du non-choix tente ceux qui hésitent au moment de se lancer. Il s'agit pour ces diablotins d'interdire l'accès au ventre du poisson, la réalisation du projet. Trois diablotins se partagent le travail :

- Le Hibou se charge de rappeler à l'esprit hésitant que choisir, c'est renoncer. Comment être sûr que l'on a fait le bon choix ? Ce à quoi l'on renonce ne serait-il pas finalement la bonne solution ? Hésitons, hésitons…
- Le Sancho Pança invite la personne à surestimer les fatigues, épreuves de toutes sortes et responsabilités qui l'attendent. Il rappelle que choisir, c'est s'engager et donc prendre le risque d'échouer. Ne serait-il pas plus sage de renoncer tout de suite ?
- Le On brouille les pistes au niveau du « qui fait quoi ». Par un tour de passe-passe, il fait l'amalgame entre l'individuel et le collectif, donne bonne conscience à chacun pris individuellement, mais pousse de fait à l'inaction collective.

Le diablotin Hibou

« Hou, hou. Ou tu fais ceci, ou tu fais cela. Il y a toujours plusieurs options possibles, réfléchis bien avant de t'engager, réfléchis longtemps. Plus tu passes de temps à hésiter, plus tu prends du retard. Quand tu te décideras enfin, il n'y aura plus assez de temps pour faire le travail. Le hors délai est garanti. »

« Hou, hou. Mets-toi toujours en situation de choisir entre plusieurs options. »

« Recherche à tout prix le consensus avant de prendre une décision de groupe. »

La personne (ou le groupe) tentée par le Hibou connaît les options, mais n'arrive pas à passer à l'action. Le Hibou représente par excellence la difficulté de l'ouïe du poisson, du « oui » au projet. Le prix à payer par la suite, c'est la précipitation au cours du projet, lorsqu'il faut rattraper le temps mis à hésiter et les erreurs qui découlent de cette précipitation (souvent un retard final).

Ceux qui ont tendance à écouter ce hululement doivent réaliser qu'il est impossible de ne pas se décider[1]. Attendre, c'est déjà décider d'attendre. D'ailleurs, très souvent, les options entre lesquelles la personne hésite se valent l'une l'autre et *la seule décision à prendre, c'est de se décider.*

Face à l'hésitation chronique du Hibou

Permissions personnelles : « Tu as le pouvoir de décider par toi-même. Apprends à renoncer pour mieux choisir. »

Désobéissance : « Tu as tort, diablotin Hibou : il est impossible de ne pas décider et je vais te désobéir : mieux vaut une solution imparfaite, mais réalisée, qu'une meilleure qui reste éternellement à l'étude. »

Conseils pratiques : Bien étudier les deux options alternatives, puis tirer à pile ou face. Demander à quelqu'un de choisir pour soi. Piéger le diablotin en lui disant qu'on pourra toujours faire machine arrière.

---

1. L'action du diablotin Hibou a été étudiée par Bruno Jarosson dans son ouvrage *Décider ou ne pas décider*, voir la bibliographie.

Le diablotin Sancho Pança

« As-tu réalisé dans quoi tu t'embarques, malheureux ! Toujours des rêves, des projets, et donc des risques ! Reste bien tranquille et ne suis pas ce Don Quichotte qui voudrait t'embarquer dans je ne sais quelles aventures. Contente-toi de projets modestes et lorsque tu feras le bilan de la misérable petite vie, je triompherai. »

« Si seulement tu étais sûr de ce qui va arriver, mais comment peux-tu prétendre avoir tout prévu ? »

« Travailler, c'est fatigant. Commencer un projet, c'est prendre le risque d'échouer. Donc d'être critiqué. Laisse faire les autres, ce sont eux qui prendront les coups. »

Le diablotin Sancho Pança est l'obstacle devant lequel bute le cheval. Il rappelle que réaliser, c'est s'engager. Champion du réalisme, il incite la personne à surestimer les difficultés et les aléas des projets. C'est le champion de la peur de vivre.

A faible dose, le Sancho Pança est l'atout des gens prudents. Il est un antidote puissant à l'action du diablotin Cigale.

Face à l'excès de prudence du diablotin Sancho Pança

Permission personnelle : « Vas-y, même si tu as peur ! »

Désobéissance : « Tu as tort, diablotin Sancho Pança : un homme ne vaut que par ses décisions, petites ou grandes[1] et je vais te désobéir en prenant des risques. »

Conseils pratiques : S'entraîner d'abord à des petits courages personnels : éteindre la télévision devant une émission stupide ou malsaine, prendre une douche d'eau froide, oser dire à quelqu'un ce que l'on éprouve à son égard. Se lancer ensuite dans des projets dont on rêve depuis toujours. Voir sa peur en face, puis y aller.

Le diablotin On

« On verra bien, pourquoi se fatiguer à répartir le travail entre toi et les autres, définir le qui fait quoi ? C'est bon pour les tâcherons ou ceux qui ne s'entendent pas entre eux. Toi et ceux avec qui tu travailles trouverez toujours un moyen de vous arranger pour qu'il soit effectué. Et le jour où tu réaliseras que personne n'a rien fait, moi j'aurai gagné. »

Le On se manifeste par une difficulté à répartir les responsabilités, le « Qui fait quoi et dans quel délai ». Il y a malentendu au départ. Il est particulièrement à l'œuvre dans les réunions professionnelles lorsqu'il s'agit de répartir le travail, lorsque les personnes disent : « *On* devrait… » ou : « C'est décidé, *on* fait ceci et cela. » Il se glisse aussi dans les rencontres entre amis (« C'est juré, *on* se téléphone » ou encore : « *On* devrait se voir plus souvent »). En famille, cela donne : « Qu'est-ce qu'*on* fait ce week-end ? »

Les conséquences du On ne sont généralement pas dramatiques, mais elles entraînent presque systématiquement des retards et dégénèrent souvent en « jeux psychologiques » (voir chap. 9) lorsque l'un des partenaires ou le patron découvrent que rien n'a été fait et s'en offusque.

En entreprise, le rôle du leader pour faire échec à ce diablotin est capital et l'apparition du On dans un groupe traduit d'ailleurs souvent une déficience du leadership. Le plus grave est lorsqu'il n'y a pas de leader du tout, mais le On est aussi provoqué parce que le leader ne propose pas de règles de fonctionnement de groupe et ne vérifie pas la préparation ou l'établissement de procédures. Le groupe se met alors à fonctionner de façon anarchique, sans prendre le temps d'effectuer des points réguliers de contrôle. Il subit des incidents réguliers du fait du travail inachevé, incomplet ou hors délai. Les décisions sont apparemment consensuelles mais plusieurs personnes font la même chose ou certaines tâches ne sont faites par personne.

Les personnes et les groupes familiers du On auront un long chemin à mener avant de savoir établir des accords de temps bien négociés, là où chacun sait « qui fait quoi et dans quel délai ». Ils doivent abandonner l'idée que les choses se feront toutes seules, apprendre à poser des demandes, à négocier, à vérifier que les responsabilités sont bien réparties.

Face à la dilution des responsabilités du diablotin On

Permission personnelle : « Tu peux mettre les pieds dans le plat en disant « d'accord sur le projet, mais qui fait quoi ? »

Désobéissance : « Tu as tort, diablotin On : la répartition des tâches ne se fait automatiquement et je vais te désobéir en vérifiant le qui fait quoi. »

Conseils pratiques : Repérer les mots « on », ceux qu'on prononce et ceux qu'on entend. Voir ensuite la part de travail que l'on est prêt(e) à effectuer et demander à l'autre (ou aux autres) quelle part ils sont disposés à prendre. Négocier.

LES « DIABLOTINS DE L'ÉCHEC EN COURS DE ROUTE »

Caractéristiques essentielles des diablotins de l'échec en cours de route

Les deux diablotins de l'échec en cours de route, le Papillonne ! et le Sois sympa !, déploient leur activité auprès des personnes qui ont des difficultés à tenir un objectif. Leur hantise, c'est que la personne parvienne à la queue du poisson, qu'elle réussisse.

Le diablotin Papillonne !

« Coucou, c'est moi ! Je suis ton diablotin Papillonne !, celui qui te fait commencer mille choses en même temps. C'est tellement drôle ! Tu pars à toute allure et déploies une énergie disproportionnée par rapport au résultat attendu ! Bientôt, tu abandonnes ce que tu fais pour aller butiner ailleurs et recommencer la même comédie. »

« Lance-toi dans des projets de longue haleine en te disant que cette fois, ce sera différent et que tu ne t'épuiseras pas en cours de route. Tu t'es déjà dit cela cent fois et ta résolution dure le temps de ton énergie, pas plus. Lorsqu'une fois de plus, tu ne seras pas arrivé au bout, je saurai que j'ai gagné. »

Le Papillonne ! n'est jamais aussi content que lorsqu'il provoque la dispersion et l'agitation. La personne met beaucoup d'énergie au début des projets, s'épuise rapidement et ne parvient pas à finir. Son bureau est encombré de piles de tâches passionnantes, jamais terminées. Souvent, elle n'a pas d'agenda car toute forme de contrainte lui est pénible. Elle aime changer de rythme et de méthodes. Les contraintes du temps *obligé* lui font horreur. Elle n'a ni montre ni réveil, arrive souvent en retard aux réunions et s'y ennuie. Tenir un ordre du jour en sa présence est un exploit, car elle le construirait volontiers au fur et à mesure que les idées lui viennent.

La personne qui a un Papillonne ! aime s'amuser. Eh bien qu'elle s'amuse avec le temps ! Plus elle trouvera les choses faciles et motivantes, plus elle réussira. Le Papillonne ! a besoin de garder toujours un peu d'énergie en réserve, en apprenant à ne pas s'épuiser dans les tâches qu'il entreprend. Pour cela, il peut découper ses projets en sous-projets, par exemple un pour chaque jour, un pour chaque heure, en passant de l'un à l'autre à une seule condition : qu'il ait déjà préparé chacun. Il peut aussi avec profit s'acheter un agenda original, être à l'affût des gadgets qui stimuleront son attention, changer de méthode de gestion du temps.

Au niveau des groupes, le Papillonne ! agit en dispersant les personnes. Chacun agit à sa guise sans que soit établi un tableau des présences et des absences. Les réunions donnent lieu à un vaste ballet d'entrées et de sorties.

User de la contrainte est inefficace. La solution dans ce type de groupe est qu'il se fixe lui-même un nombre limité de règles de fonctionnement vis-à-vis desquelles il fera sa propre discipline.

Face à la dispersion organisée par le diablotin Papillonne !

Permission personnelle : « Cesse (provisoirement) dès que le travail devient pénible, puis reprends avec ténacité. »

Désobéissance : « Tu as tort, diablotin Papillonne ! : on peut réussir en s'amusant et je vais te désobéir en terminant tranquillement ce que j'ai commencé. »

Conseils pratiques : Changer souvent de méthode de gestion du temps ; avoir un agenda original ; mener de front plusieurs tâches, mais à condition de bien les avoir préparées auparavant.

Le diablotin Sois sympa !

« Dévoue-toi, ne refuse jamais quand on te demande. D'ailleurs, tu ne sais pas dire non. »

« Ce que font les autres est plus important que ce que tu fais. Si quelqu'un te parle des heures au téléphone, écoute-le aussi longtemps qu'il le voudra. Si quelqu'un entre dans ton bureau, arrête ce que tu es en train de faire et renonce à ton temps pour te mettre à son service. Ce ne sont pas tes envies qui comptent, ce sont les siennes. C'est ainsi que tu échoues toujours dans tes projets, parce que tu n'as plus le temps pour réaliser ce dont tu as envie, toi. »

« Rends service. Tu es la providence de ceux qui ne veulent pas prendre de responsabilités ou faire leur travail. C'est toi qu'ils viennent voir, c'est à toi qu'ils demandent de l'aide. Pourquoi agiraient-ils autrement puisque tu acceptes toujours ? Ils savent qu'en te culpabilisant un peu, en te disant par exemple que tu es un égoïste, tu vas craquer. »

La personne victime du Sois sympa ! abandonne ses projets personnels dès que les autres la sollicitent. Son agenda est rempli, mais elle ne le respecte pas. Elle bouscule ses priorités en fonction des impératifs extérieurs. Elle prend du retard par excès de gentillesse car elle se heurte à un manque de temps pour tout faire, se le fait reprocher et conclut en se disant : « Je suis trop bon (ne), je me suis encore fait avoir, une vraie poire. »

Les personnes tentées par le Sois sympa ! doivent découvrir leurs propres désirs, leurs propres envies, leurs propres projets. Il leur faut apprendre à fixer des limites et à négocier leur temps. Il leur faut aussi perdre l'illusion qu'il est possible de se faire aimer de tous. Elles y perdront certaines relations, celles qui auparavant profitaient de leur gentillesse, mais y gagneront respect et efficacité.

Face à la fausse charité à laquelle incite le Sois sympa !

Permission personnelle : « Tu as le droit d'avoir ton temps à toi pour tes projets accomplis à ta façon. Tu peux négocier le temps dont tu disposes. »

Désobéissance : « Tu as tort, diablotin Sois sympa ! : il est impossible de satisfaire tout le monde et si je ne peux pas me faire aimer de tous, du moins me ferai-je respecter. »

Conseils pratiques : Ne pas refuser abruptement, mais adopter le maître mot du « Oui si ». Tenir soigneusement à jour la liste de ses propres priorités.

LES DIABLOTINS DE L'ÉCHEC SOURNOIS

Ces ultimes diablotins sont particulièrement retors. Ils font croire à la personne qu'elle a réussi, mais l'empêchent de vivre à plein son projet, c'est-à-dire de profiter du travail accompli, faire le bilan et tourner la page. Si l'on prend l'image du poisson du temps, ils ont un enjeu simple : permettre l'atteinte des objectifs, mais interdire l'accès à la queue. Les deux diablotins de l'échec sournois, le Ne t'arrête pas et le 36 fois la même chose donnent bonne conscience à la personne puisqu'elle parvient à atteindre ses objectifs, mais ils tentent dans un ultime effort de saboter son succès.

Le diablotin Ne t'arrête pas !

« Ne t'arrête pas. Passe ta vie sans autre plaisir que celui de travailler. Ne te repose jamais. Ne fais pas l'amour avec qui tu aimes avant d'avoir fini de ranger la vaisselle. Ne t'amuse pas avec tes enfants avant qu'ils aient fini leurs devoirs. N'écoute pas de musique avant d'avoir rangé le meuble à disques. Ne quitte pas ton travail le soir avant d'avoir travaillé autant qu'il est possible. »

« Le travail n'est jamais fini, il y a toujours quelque chose à faire et les choses simples, le plaisir, le rire ou le rêve ne comptent pas en face du travail fait. À l'heure de mourir, il ne te restera plus qu'à regretter de ne pas avoir assez aimé, contemplé, pris le temps de profiter de la vie. »

« Jouir de la vie est le péché de temps par excellence. C'est bon pour les enfants et tu n'es plus un enfant. »

« Je t'interdis de rire, de te détendre, de trouver du plaisir à ce que tu fais. Si cinquante-cinq minutes suffisent pour faire le travail, n'y passe pas une heure. Fais les choses vite et bien, avec le maximum d'efficacité. Quand je te vois tendu vers la rentabilité maximale, sans prendre un peu de temps pour savourer le temps qui passe, je suis le vainqueur. »

« Chaque fois que tu te montres austère alors que tu pourrais te détendre, chaque fois que tu es tendu alors que tu pourrais être serein, chaque fois que tu es soucieux alors que tu pourrais être heureux, je respire car je t'aurai empêché d'accéder au bonheur du temps qui passe. »

La victime du Ne t'arrête pas ! est championne du ventre du poisson. Elle y excelle dans le respect des méthodes, procédures et plannings. Elle s'organise bien et ne supporte pas le travail bâclé ou aux trois quarts achevé. Elle parvient difficilement à admettre qu'une chose soit terminée et travaille beaucoup, chez elle comme au bureau. Dès qu'un travail est achevé par la force des choses (souvent, c'est l'entourage qui exige qu'elle s'arrête), elle repart immédiatement accomplir une autre tâche dont, là aussi, elle ne va explorer que la partie mise en œuvre du poisson car jouir (queue du poisson) et rêver (tête) sont deux mots qui ne sonnent pas bien à ses oreilles.

Le Ne t'arrête pas ! a un agenda bien tenu et achète volontiers des livres de gestion du temps ou d'organisation (je parierais volontiers qu'il s'en trouve une proportion notable dans les lecteurs de ce livre). Ce en quoi elle devrait s'interroger, car son problème n'est pas de travailler plus ou mieux, mais de s'arrêter de travailler.

Les Ne t'arrête pas ! sont donc invités à fermer ce livre dans la minute qui suit et à s'accorder dix minutes sans rien faire d'autre qu'écouter les petits oiseaux.

La culture occidentale valorise les Ne t'arrête pas ! et ceci tient à deux facteurs.

L'un est pragmatique : ils sont productifs et fournissent non seulement beaucoup de travail, mais un travail soigné. L'autre facteur est culturel et lié aux valeurs du monde industriel occidental (voir le chap. 5). On trouve aux postes de responsabilité une très grande proportion de Ne t'arrête pas !.

Face à la tentation d'en faire toujours plus du Ne t'arrête pas !

Permission personnelle : « Prends du temps pour parfois ne rien faire. »

Désobéissance : « Tu as tort, diablotin Ne t'arrête pas ! On est encore plus efficace lorsqu'on sait prendre du temps pour s'arrêter, prendre du recul, se reposer. »

Conseils pratiques : Dans un premier temps, planifier sérieusement les moments de recul ou de repos comme s'il s'agissait d'un véritable travail. Garder en tête la logique du poisson du temps. Puis faire alliance avec des personnes ayant un autre diablotin.

Le diablotin 36 fois la même chose

« Tu as réussi, bravo ! Passe vite à autre chose sans prendre le temps du bilan. Tu t'en souviendras bien le temps venu, n'as tu pas une mémoire de cheval ? »

« Tu as échoué, hélas. La prochaine fois, recommence de la même façon. À force d'essayer, tu finiras bien par réussir. »

« Chaque projet est un cas particulier. À quoi bon tirer les leçons du passé ? Lorsque tu auras perdu du temps à retrouver la façon dont tu t'y étais pris la dernière fois, moi j'aurai gagné. »

Qu'il s'agisse de réussite ou d'échec, le 36 fois la même chose nous invite à négliger les leçons du passé. En entreprise, il incite les groupes à ne pas capitaliser le fruit de leurs succès. Au niveau individuel, il a une action plus sournoise en se faisant volontiers l'allié du Sancho Pança ou du Marmotte. Tout le temps et toute l'énergie passée à retrouver ce que l'on aurait pu facilement mémoriser est en effet perdu pour entamer d'autres projets.

Face au déficit de capitalisation du 36 fois la même chose

Permission personnelle : « Tu peux regarder le passé sans peur. »

Désobéissance : « Tu as tort, diablotin 36 fois la même chose. Faire le bilan maintenant fait gagner beaucoup de temps par la suite et je vais te désobéir : je ne vais pas me lamenter sur mes échecs, mais en tirer des leçons. Je vais savourer mes réussites, mais prendre aussi le temps de les analyser. »

Conseils pratiques : Chérir les aide-mémoire et autres check-lists qui font gagner du temps pour les projets semblables. Se faire aider par un esprit neuf lorsque l'on constate des échecs répétitifs.

Exercice n° 5 : Les diablotins personnels

Dix diablotins… Nous aurions pu en trouver d'autres, tels le « Fais-le tout seul » pour les personnes qui perdent du temps au lieu d'avoir recours à l'aide des experts, ou le « Œillères » pour les personnes qui préparent si bien leurs projets qu'elles ne veulent pas ensuite dévier d'un pouce de leurs prévisions. Les lecteurs imaginatifs pourront s'amuser à ce jeu. Ce sera leur exercice n° 5 à faire comme suit.

> Considérez un projet personnel dont vous avez rêvé et regrettez profondément qu'il ne se soit pas réalisé de A à Z, de la tête du poisson à sa queue. Reprenez-en l'histoire en considérant les facteurs personnels qui ont contribué à l'échec. Quelles sont les « voix dans la tête » qui vous ont amené à telle ou telle étape du projet à finalement échouer ? Donnez leur un nom.

FAUT-IL TUER LES DIABLOTINS ?

Pour faire échec aux diablotins, peut-on les faire disparaître ? C'est une utopie. Nous avons intégré nos petits diables favoris durant l'enfance et si nous voulions les faire disparaître, nous risquerions de jeter en même temps les qualités qu'ils nous aident à développer :

- la confiance en la vie pour les diablotins de la pensée magique ;
- le courage pour les diablotins du non-choix ;
- la ténacité pour les diablotins de l'échec en cours de route ;
- la capacité d'atteindre nos objectifs pour les diablotins du non-choix.

De plus, ils ne sont pas vraiment nos ennemis. En fait, ils ont un côté stupide, au point qu'ils en deviennent presque touchants. Ce qu'ils ignorent, obnubilés qu'ils sont par leur désir de nous gêner, c'est qu'en nous parlant, ils nous avertissent que nous commençons à dysfonctionner.

La première étape pour leur faire face est donc d'*entendre leur message*, les mots qu'ils nous soufflent. Les diablotins tirent en effet leur force de deux éléments : d'une part, ils aiment rester dans l'ombre en envoyant leur message de façon anodine ; d'autre part, leur discours se déguise souvent sous l'apparence de messages apparemment réfléchis, mais qui en fait masquent les mots « diaboliques ». Par exemple, une personne sensible au diablotin Ne t'arrête pas ! trouvera toujours d'excellentes raisons pour ne jamais s'arrêter, car, dira-t-elle, « il y a toujours quelque chose à faire », ce qui est vrai dans l'absolu.

La deuxième étape est de *connaître les points faibles des diablotins* :

- la peur de prendre conscience du réel pour la bande de la pensée magique ;
- la peur de prendre des responsabilités pour les diablotins du non-choix ;

- la crainte de s'affronter à ses propres limites pour la bande de l'échec en cours de route ;
- la culpabilité d'être heureux pour la bande de l'échec sournois.

La troisième étape est d'*affronter* ces points faibles avec gentillesse, mais fermeté. Une fois repérés les mots de la tentation, nous pouvons nous tourner vers le diablotin tentateur et lui dire : « Merci de m'avoir prévenu. » Tout content, ce dernier s'éloigne de quelques pas en nous laissant tranquilles. Quant à nous, dûment informé du piège dans lequel nous allions tomber, nous pouvons modifier le cours des choses en nous donnant la permission de désobéir à nos diablotins pour vivre un temps efficace et heureux.

Les diablotins du temps

Suggestions

- Repérer ses diablotins favoris.
- Intégrer les permissions qui leur font échec et se donner le droit de leur désobéir à bon escient.

3

LES OBJECTIFS

SYNTHÈSE

De la même façon qu'il est impossible à un bateau de profiter efficacement du vent s'il ne s'est pas fixé un cap, il est impossible de bien gérer son temps si l'on ne s'est pas fixé d'objectifs concrets.

L'objectif, c'est le résultat à atteindre à la sortie du « ventre du poisson ». Il doit être réaliste et assorti de critères vérifiables de réussite, en particulier le délai. Mais il ne trouve du sens que s'il est relié à une finalité (ou but) qui n'est ni vérifiable ni quantifiable. Pour parvenir à son accomplissement, chacun de nos projets doit comporter un objectif et un but.

FINALITÉS ET OBJECTIFS

Tant que l'on n'a pas compris la différence entre finalités (ou buts) et objectifs, il est impossible de bien se gérer soi-même dans le temps. Explicitons-le avec les deux premiers voyages de Christophe Colomb. Lorsqu'il s'embarque en 1492, ce dernier n'a qu'une vague idée de sa destination exacte. Il pense qu'il est possible de rejoindre les Indes par l'ouest et tente l'aventure sans se fixer de lieu précis d'arrivée. Il a la *finalité* de rejoindre par l'ouest les terres connues. Mais lorsqu'il effectue son second voyage en 1494, les choses sont différentes. Il a découvert les Antilles et veut y revenir. Muni de ses outils de navigation, il dirige ses navires de façon à atteindre Saint-Domingue, lieu qu'il connaît déjà. Atteindre ce lieu n'est plus une finalité vague, mais un *objectif*. L'exemple de Christophe Colomb est à méditer par les navigateurs du temps car nombre d'entre eux partent sans avoir une idée ni de leurs finalités, ni de leurs objectifs. Cela ne les empêche pas d'être d'excellents navigateurs, mais ils errent comme des âmes en peine sur la mer du temps, au gré des vents et des courants.

Les finalités transcendent les objectifs. Elles ont l'immense intérêt d'indiquer la direction à prendre, le cap à suivre. Les objectifs sont des rêves limités.

Prenons un autre exemple directement lié à l'objet de ce livre. « Mieux gérer son temps » est vraisemblablement une finalité qui vous motive, sinon vous ne vous seriez pas lancé dans cette lecture. Mais si cette finalité ne comprend pas de critère précis de réussite, il vous sera impossible de vérifier que vous avez réussi. Il s'agit donc pour vous de transformer cette finalité en un ou plusieurs objectifs. Par exemple, si votre finalité est de limiter le temps des réunions que vous animez, c'est une finalité, une intention. Si vous voulez la transformer en objectif, vous pouvez décider, pendant deux mois, de demander, dix minutes avant la fin, aux participants s'ils sont d'accord pour prolonger. Dans deux mois, je viendrai frapper à votre porte et vous poserai simplement la question suivante : « Cher lecteur, avez-vous demandé dix minutes avant la fin aux participants de vos réunions à rallonges s'ils étaient d'accord pour prolonger ? » Si vous me dites oui, je dirai bravo. Si vous me dites non, je vous féliciterai tout de même d'avoir bien formulé votre objectif au départ, car il comprenait un critère de vérification concret de votre réussite.

Se fixer des objectifs est possible dans presque tous les domaines de la vie. Les plus simples sont les objectifs de *résultat*, matériellement démontrables. Ainsi en va-t-il d'un rapport à rendre, d'un ouvrage à construire, d'un projet de vacances à réaliser, d'un concours à réussir. Les choses sont moins évidentes avec les objectifs *ontologiques* (du mot grec *ontos* qui signifie « être »). Ceux-ci concernent des domaines plus intérieurs, plus psychologiques. Si par exemple je souhaite changer d'attitude intérieure afin de me sentir bien dans ma peau à des réunions associatives qui sont d'habitude une corvée, c'est un objectif ontologique dont je suis finalement seul juge. Les objectifs ontologiques ne peuvent être vérifiés que par la personne elle-même. En voici quelques exemples :

- Garder son calme lorsque quelqu'un vous agresse verbalement.
- Avoir le courage d'éteindre la télévision lorsqu'elle est abrutissante ou malsaine.
- Changer ses *a priori* négatifs sur telle personne.
- Se sentir bien au réveil.
- Accepter l'intimité avec une personne que l'on aime.
- Changer ses croyances, etc.

Qu'il s'agisse d'un objectif de résultat ou d'un objectif ontologique, il faut pour y parvenir efficacement pouvoir répondre à la question suivante : « Comment saurai-je que je l'ai atteint ? » De la même façon, pour être au clair avec ses finalités, il faut pouvoir répondre à la question suivante : « Qu'est-ce que l'atteinte de mon objectif me permettra de faire ou d'être ? » C'est ce qu'exprime la première loi du temps.

Première loi du temps

La bonne gestion du temps personnel nécessite :
- d'être au clair sur la finalité de ses projets ;
- d'établir des « contrats avec soi-même » sous forme d'objectifs personnels.

Le doublon « finalités + objectifs » est indispensable. Dans les milieux professionnels, deux excès se produisent souvent :

— Avoir des finalités, mais sans les transformer en objectifs. Par exemple, les chartes déontologiques peaufinées par certains comités de direction indiquent des finalités (satisfaire pleinement le client, être honnête, etc.), mais sans indiquer la façon de les transformer en objectifs. Par rapport au modèle du « poisson », c'est avoir l'œil grand ouvert sur le sens des projets, mais sans lui donner corps ;
— Avoir des objectifs, mais pas de finalités. C'est le cas des organisations qui travaillent beaucoup, mais sans savoir vraiment

pourquoi. À la limite, on tombe dans un système kafkaïen qui tourne à vide sans que l'usage de ce qui est produit soit valorisé ou même connu. On touche à l'absurde. Les personnalités sujettes à cette façon d'échouer sont les Ne t'arrête pas ! pour lesquels mieux vaut encore travailler sans donner du sens au travail que de ne pas travailler du tout. Par rapport au modèle du « poisson », c'est avoir des poissons aveugles.

FIXER DES DÉLAIS

Abordons à présent la question de la détermination des délais. Il existe pour cela deux méthodes aussi logiques l'une que l'autre mais dont l'une fonctionne et l'autre pas.

Beaucoup de gestionnaires du temps déjà expérimentés pensent qu'il faut se fixer des objectifs, puis les assortir du délai correspondant. Prenons le cas d'une femme qui se donne le 30 août le projet d'apprendre à utiliser internet. Cela donne :

- Premier objectif : manier avec dextérité la messagerie : 15 octobre.
- Deuxième objectif : disposer d'un site personnel : 15 décembre.

Cette méthode nécessite de s'arrêter régulièrement, de prendre chacun des objectifs et d'en vérifier l'état d'avancement. La question à se poser à un moment donné est alors :

« Où en suis-je de l'avancement de chacun de mes objectifs ? »

Je vous invite pourtant à adopter la *seconde* possibilité, celle qui part d'un laps de temps donné pour y inscrire la part réalisable de vos objectifs. Cela donne :

Pour telle date, avoir atteint :

- telle partie de l'objectif n° 1
- telle partie de l'objectif n° 2
- etc.

Par exemple, on trouverait pour notre apprentie internaute :

Pour le 30 septembre :

- savoir envoyer et recevoir des mails ;
- avoir constitué ma liste d'adresses électroniques ;
- avoir visité sept sites personnels.

La question à se poser devient, à la date d'échéance :

« Ai-je atteint ce que j'avais prévu ? »

Pourquoi vous recommander cette deuxième façon de faire ? Je n'ai pas de justification théorique car la première est logiquement acceptable. Mais j'ai remarqué que la plupart des personnes qui adoptaient la première méthode avait tendance à laisser « filer » leurs objectifs en repoussant leurs ambitions de période en période, en allongeant les délais. La vérification tâche par tâche est en effet une action pénible qui oblige à faire des efforts de recoupement et de mesure de l'avancement. Imaginons avec un autre exemple une liste d'objectifs personnels assortis de délais tels que :

- repeindre la cuisine ;
- apprendre un logiciel de traitement de texte ;
- trouver le lieu des prochaines vacances ;
- prendre un abonnement au théâtre du Châtelet.

Il risque de se passer la chose suivante. Un mois après avoir établi la liste, malgré le temps disponible et la réelle volonté d'effectuer les travaux, rien de conséquent n'est effectué. La peinture de la cuisine n'est pas achetée, les deux heures pour aller au Châtelet n'ont pas été trouvées, etc. Au contraire, la fixation d'une date butoir mobilise les énergies pour effectuer la partie des projets qui peut s'y inscrire. On trouvera ainsi :

Pour le 10 mars :

- avoir choisi la couleur de la peinture de la cuisine ;
- avoir passé cinq heures à l'apprentissage du nouveau logiciel ;
- être passé à l'agence de voyages pour me renseigner sur le lieu des vacances ;
- avoir pris l'abonnement au Châtelet.

La méthode que je préconise a une contrepartie. Elle oblige à faire l'exercice pour plusieurs périodes de temps : le mois à venir, la semaine, le jour. Les méthodes de planification que j'utilise et qui sont présentées au chapitre 7 s'inspirent de cette démarche.

Exercice n° 6 : Définir ses objectifs à moyen terme

Passons à la pratique avec une méthode de fixation des objectifs à moyen terme[1].

1) Il faut d'abord choisir une période de temps et pour commencer, je vous conseille un mois. C'est à la fois assez long pour obtenir des résultats concrets et assez court pour ajuster votre façon de progresser le cas échéant. Avec un peu d'entraînement, vous pourrez passer à des périodes plus longues (l'année), ou plus courtes (la semaine).

2) Choisissez dans les domaines[2] indiqués ci-dessous ceux où vous avez envie de réaliser quelque chose, ou de progresser dans votre façon d'être :

- Réalisations effectives : avoir fait ceci, avoir achevé...
- Diminution de la pénibilité de tâches répétitives.
- Achats matériels, confort, arrangements domestiques.
- Challenge : avoir réussi comme défis...
- Auto-formation : avoir appris... (connaissances, méthodes, savoir-faire).
- Créativité : avoir créé...
- Changements : avoir modifié... (habitudes, comportements).
- Soin de soi (santé, culture physique, soins du corps, sensualité, détente...).
- Sécurité : avoir prévu l'avenir en...
- Aider à grandir : avoir formé telle personne à...
- Enrichissement personnel (culture générale, lectures, films, apprentissages...).
- Prendre des responsabilités (professionnelles, sociales, familiales, amicales).
- Amélioration des relations avec : familles, amis, nouvelles rencontres.
- Gestion du temps.
- Réflexion personnelle : analyse, prise de décisions, prise de recul.
- Ressourcement, solitude.
- Spiritualité.
- Développement d'un statut social : (responsabilités sociales, notoriété).

Parmi ces domaines, certains vous parlent et d'autres non. Prenez les trois ou quatre qui vous parlent le plus et mettez les seconds de côté, il est inutile de chercher à être complet.

---

1. Je distingue conventionnellement le court terme (quelques jours), le moyen terme (quelques semaines ou mois) et le long terme (l'année ou plus). Pour les objectifs à court terme, vous avez déjà effectué l'exercice n° 1 dans l'ouverture. Je l'avais placé en premier car de toutes les méthodes décrites dans cet ouvrage, c'est celle qui me semble la plus efficace pour débuter.

2. Chacun de ces domaines correspond à une finalité, une « étoile ». La façon de trouver ses étoiles sera reprise plus en détail au chapitre 4.

3) Pour chacun des domaines choisis, fixez-vous un objectif et établissez les critères de réussite qui vous permettront de savoir concrètement que vous l'aurez atteint. Vous obtenez une liste d'objectifs du mois[1].
4) Vérifiez le réalisme de vos objectifs compte tenu du contexte dans lequel vous vivez et des autres tâches quotidiennes que vous assumez normalement. Vérifiez en particulier si vous disposez d'assez de temps et de moyens. Enfin, examinez si vous êtes seul maître de leur réalisation ou si vous dépendez d'autrui, car plus l'objectif dépend de vous seul, plus vous vous en sentirez responsabilisé.
Si sur l'une de ces questions vous avez des doutes, peut-être vous faut-il réduire ou modifier vos ambitions.
5) Vous tenez désormais vos objectifs mensuels. Inscrivez-les sur une liste que vous mettrez sur une feuille vierge (ou sur un post-it), et faites le point de l'avancement une fois par semaine pendant le mois prochain.

OUI AUX OBJECTIFS

Parvenus à cet exercice, les candidats à une meilleure gestion d'eux-mêmes dans le temps se sentent en général effrayés. Beaucoup se demandent si, déjà débordés et mal organisés, ils vont devoir en outre passer une partie de leurs journées à se fixer de nouveaux objectifs et à en surveiller l'avancement. Peut-être pensaient-ils en ouvrant ce livre trouver simplement une méthode qui leur permette de faire leurs tâches actuelles en moins de temps et voici que l'auteur les engage à emprunter des voies apparemment plus contraignantes. Vont-ils devoir se charger encore plus ? Déjà envahis par une foule de tâches routinières qui mangent leurs journées, ils hésitent.

Tel est le principal obstacle qui gêne les débutants en maîtrise du temps : mener à bien les objectifs à court terme qui les harcèlent tout en réalisant leurs objectifs essentiels. N'y aurait-il donc pas de miracle possible ?

1. Faut-il distinguer dans cet exercice les objectifs professionnels des objectifs personnels ? Certains le font, d'autres non et j'ai pour ma part fait l'un et l'autre tour à tour. À chacun de suivre ses goûts. Les salariés préfèrent souvent établir deux listes d'objectifs, l'une pour l'entreprise et l'autre pour la maison, de même qu'ils ont souvent deux agendas, afin de ne pas mélanger travail et vie privée. Les professions indépendantes pour lesquelles la frontière entre la vie professionnelle et la vie personnelle est plus ténue feront les deux. Ce qui est important, c'est d'avoir sur soi en permanence la liste de ses objectifs.

Le miracle peut avoir lieu, j'en témoigne à l'annexe 1. Pourtant, il est vrai que celui qui commence à mieux gérer son temps doit faire face temporairement à une surcharge. Ce que j'ai remarqué, c'est que les personnes qui se laissent déborder ont tendance à ne prendre en compte que les objectifs à court terme sans avoir réfléchi aux lignes directrices que constituent les objectifs essentiels. Elles ressentent la désagréable impression d'être envahies par le quotidien, de gâcher leurs journées, voire de gâcher leur vie. Mais dès qu'elles commencent à prendre du recul, à prendre du temps pour réfléchir aux méthodes qui leur feront gagner du temps, leur vie commence à changer. Semaine après semaine, mois après mois (année après année !), ces personnes vont à l'essentiel, ne se dispersent plus et trouvent du temps pour faire ce dont elles ont vraiment envie.

Je n'ai pas d'autre option à proposer que d'inviter le lecteur à faire un premier pas et j'ai envie de dire qu'en prenant du temps pour lire ce livre, vous en avez déjà fait un. Je n'ai pas de truc ni de ficelle qui permette d'échapper à la difficulté d'investir du temps pour en gagner. Ce que je sais, c'est que chaque fois que vous direz « oui » à une tâche à court terme qui ne va pas dans le sens général de votre vie, vous direz en même temps « non » à la réalisation de celle-ci. Vivre c'est choisir et chacun d'entre nous a la responsabilité de se déterminer pour décider s'il veut prendre concrètement sa vie en main. Peu à peu, il délaissera alors ce qui en fait l'encombre. En déterminant nos objectifs essentiels, nous inscrirons dans le réel le sens de notre vie, nos rêves se feront chair.

LASSITUDE D'OBJECTIFS

À l'autre extrême de l'échelle des compétences en gestion du temps, on trouve des virtuoses de la réussite qui se mettent progressivement à douter du bien fondé de la notion d'objectif. Ils réussissent, certes, mais le plaisir de la réussite semble les avoir abandonnés. Tel célèbre coureur de Formule 1, par exemple, se demande en fait après quoi il court tout en continuant à gagner les courses. Tel dirigeant talentueux, tout en continuant à accumuler les titres de gloire professionnels, sent peu à peu la lassitude l'envahir. Tel homme politique, tout en gagnant pour la quatrième fois les élections municipales, s'interroge sur le sens de son action.

Tous ces hommes, toutes ces femmes ne peuvent même plus accuser leurs diablotins. Il s'agit d'autre chose, d'un passage de vie plus tragique car plus inéluctable. Le temps qui s'est écoulé tout au long de ces réussites a vu aussi avancer de façon inéluctable les années. Il faut tourner la page, trouver d'autres styles de vie et pour cela passer par un vide provisoire de l'âme, un temps de retraite intérieure, de doute, souvent de désarroi. Cette épreuve survient rarement avant la quarantaine (peut-être plus tôt pour les sportifs, les danseurs ou tous ceux dont la jeunesse était l'une des conditions nécessaires du succès). Elle est une voie royale pour découvrir le visage mystique du temps dont nous parlerons au chapitre 5 et que nous offre l'Ange au sourire de la cathédrale de Reims.

Les objectifs

Suggestions

Définir périodiquement ses objectifs à moyen et long terme.
Pour cela :

- choisir une période de quelques mois à une année ;
- choisir des domaines de progrès ;
- décider des objectifs pour chacun de ces domaines ;
- pour chaque objectif, répondre à la question : « Comment saurai-je que j'ai réussi ? » ;
- avoir en permanence sur soi la liste des objectifs pour chaque période et la revoir plusieurs fois durant celle-ci, à des moments tranquilles.

4

TROUVER SES ÉTOILES

SYNTHÈSE

La mise en œuvre de projets personnels dans le temps de notre vie est d'autant plus facile et motivante que ceux-ci correspondent à des finalités profondes, des « étoiles ». C'est en repérant celles-ci que nous pouvons fixer des priorités et mobiliser notre énergie pour gérer notre temps en conséquence. Ces finalités se situent au niveau de la survie, de la vie agréable, de l'accomplissement de soi et enfin du dépassement de soi.

Pour trouver les étoiles de l'accomplissement de soi, une façon consiste à prendre conscience de son identité et partir à la recherche du : « Qui ai-je envie d'être ? » L'identité est composée de trois éléments : notre identité interne (« qui je suis à mes propres yeux »), la reconnaissance externe (« ce que l'on dit de moi ») et le statut (la « carte de visite »). La quête d'une nouvelle identité demande de la patience et de la prudence.

QU'EST-CE QU'UNE ÉTOILE ?

Jouer petit ne sert pas le monde.

Nelson Mandela.

L'étoile, c'est ce qui canalise nos énergies, c'est un appel à nous mettre en route, c'est une direction que nous ressentons comme juste au sens plein du terme, c'est une *finalité* dont découlent des objectifs et qui leur donne de la cohérence et du sens. Elle n'est pas forcément facile ni agréable à suivre, mais c'est elle qui donne du sens à notre existence et nous permet de faire du temps l'allié de notre vie. Lorsque nous bâtissons un projet, lorsque nous mettons en œuvre un *poisson*, nous le réalisons avec d'autant plus d'énergie et l'inscrivons d'autant mieux dans notre temps que ce poisson est relié à l'une de nos étoiles, d'autant plus aisément que l'étoile est connue, choisie, aimée. Trouver nos étoiles, c'est nous donner la possibilité de confirmer ou de changer nos objectifs, ce qui à son tour permet de confirmer ou de changer la gestion « technique » de notre temps : planification, détermination des priorités, gestion du temps relationnel, tous sujets qui feront l'objet des chapitres suivants.

J'aimerais bouleverser la vie des lecteurs. J'aimerais qu'ils reconsidèrent les finalités de leur existence, qu'ils prennent conscience que la gestion du temps sous ses aspects les plus quotidiens ne devient besogneuse et pénible que par un manque d'étoiles, ou bien parce que celles qui leur servent de repères sont devenues obsolètes.

Parfois l'étoile est simple, lumineuse et unique. Elle s'installe et dure des années, toute une vie. L'étoile de De Gaulle, dès ses jeunes années, c'est la volonté d'entrer dans l'histoire de France. L'étoile de François d'Assise telle qu'il la découvre à vingt ans, c'est de vivre joyeusement avec son Dieu en compagnie de « dame pauvreté ». L'étoile de Rodin, patiemment recherchée jusqu'à la quarantaine, c'est d'être un sculpteur célèbre. Sans être de Gaulle, Rodin ou François d'Assise, bien des gens ont eux aussi leur étoile, ou leurs étoiles. Elles peuvent être simples : « être une gentille grand-mère », « être chef comptable à la fin de ma carrière », « profiter des belles années avec mon bébé », « vivre paisiblement avec des gens que j'aime ». En cas de crise ou d'épreuve, une étoile temporaire s'impose d'elle-même. Un chef d'entreprise qui doit déposer son bilan aura par exemple pour étoile de « fermer proprement l'entreprise ». Entre quinze et vingt ans, alors que j'étais au Prytanée militaire de La Flèche, je n'ai eu pour seule étoile que l'entrée à Polytechnique, et toute la gestion de mon temps s'est inscrite dans ce fil directeur. Remarquons aussi que les étoiles peuvent changer au fil du temps, mais que le changement est long, s'étalant souvent sur plusieurs années. En 1990, lorsque j'ai démissionné du Gaz de France pour m'établir à mon compte, mon étoile professionnelle a changé, devenant « être un consultant en relations humaines connu et efficace ». Et la mère de famille citée plus haut qui voulait « profiter de son bébé » peut, quinze ans plus tard, se découvrir un talent d'animatrice de quartier et modifier les temps de sa vie en conséquence.

Il est possible d'avoir plusieurs étoiles et de réussir des projets variés si les étoiles sont cohérentes et forment une constellation autour de l'une d'entre elles, plus brillante, vers laquelle il est possible de se diriger sans avoir l'impression de renier les autres. Le boulanger méridional dont l'étoile professionnelle est de faire le meilleur pain possible pour son village (première étoile) peut très bien consacrer une notable partie de son temps à devenir champion local de boules (deuxième étoile) car l'une et l'autre s'inscrivent dans un souci de « bien vivre au pays ». Mais si notre boulanger s'inscrit un jour à un club de boules du nord de la France, sa deuxième étoile devient trop éloignée de la première. Il risque d'user ses forces à courir deux lièvres à la fois et lorsqu'il s'agit de passions vitales, il est difficile de se tenir longtemps ainsi écartelé. Nous avons besoin d'étoiles *cohérentes* et lorsqu'elles ne le sont pas, nous devons soit en abandonner une, soit découvrir à un niveau supérieur une étoile plus brillante qui les fédère.

LA PYRAMIDE DES ÉTOILES

Pour partir à la recherche de ses étoiles, l'une des approches possibles est de considérer qu'elles s'inscrivent chacune dans un niveau de besoin spécifique étagé en pyramide : survivre, vivre et s'accomplir (fig. 4.1).

La forme pyramidale des besoins est doublement intéressante. En premier lieu et comme le prétendait Abraham Maslow[1], elle traduit le

1. Le sociologue Maslow distinguait six niveaux : besoins physiologiques, de sécurité, sociaux, estime, accomplissement de soi et besoins spirituels d'adhésion à des valeurs au delà de la personne. Ce sixième niveau est la plupart du temps « oublié » dans les présentations de la pyramide en formation professionnelle.

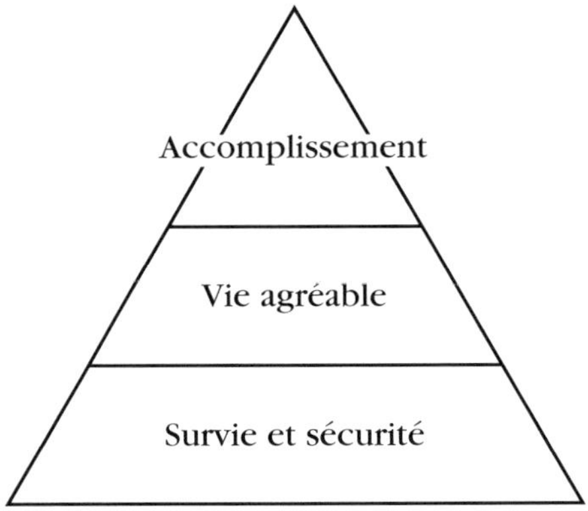

Figure 4.1 — Les niveaux de besoin

fait que dans la majorité des cas la satisfaction de nos besoins de survie et de sécurité constitue un soubassement. C'est lorsque les besoins de niveau inférieur sont satisfaits qu'émergent les besoins de niveau supérieur et s'ils ne le sont pas, on reste en bas. Des conditions de vie extrêmes, telles que celles vécues dans les camps de concentration ou lors de catastrophes, favorisent le retour au niveau le plus bas de la survie sans que l'on puisse pourtant prétendre qu'elles barrent systématiquement l'accès aux niveaux supérieurs.

En second lieu, la forme pyramidale traduit le fait que statistiquement, le nombre de personnes motivées par les besoins d'ordre supérieur est moindre que celui des personnes motivées par les besoins d'ordre inférieur. Là aussi, gardons-nous d'une systématisation. Mais il est vrai que bien des gens végètent et limitent leurs ambitions à des satisfactions matérielles. Comme Charlotte Delbo dont vous avez lu le poème quelques pages plus haut, j'oscille à leur égard entre désespoir, révolte et découragement. Je les invite ardemment à changer, c'est tout ce que je peux faire.

SURVIVRE

Le premier niveau (la survie) concerne les besoins physiologiques et matériels et les étoiles correspondantes se déclinent aisément en objectifs : gagner tant d'argent, avoir un logement d'ici telle date, etc. Pour trouver ce type d'étoiles, la question est : « Que faire pour survivre ? » Dès que le quotidien est assuré, nous ressentons le besoin de le conforter en nous assurant un minimum de sécurité matérielle et financière. Mais la survie et la sécurité ne sont pas suffisantes en elles-mêmes et il est rare que d'autres étoiles ne se profilent pas à l'horizon du ciel personnel, correspondant à un niveau supérieur de besoins. Ainsi, les salariés de certaines grandes entreprises nationales, assurés de subvenir à leurs besoins matériels pour le restant de leurs jours, veulent aussi vivre les niveaux supérieurs. Et même les SDF et les marginaux, bien qu'en quête d'argent et d'un logis, se situent aux autres niveaux lorsqu'ils expriment un besoin de dignité.

VIVRE

Au second niveau de la pyramide, nous cherchons à *profiter de la vie*, en cherchant ce qui nous plaît et en évitant ce qui nous déplaît. Dépassant le stade animal, nous cherchons à profiter des trésors que la vie nous offre. Pour trouver ces étoiles, la question est : « Qu'est-ce pour moi qu'une vie agréable ? » Les domaines qui correspondent à ce niveau de besoin tournent autour de quelques thèmes fondamentaux qui se retrouvent dans l'éventail des magazines : le logement, la vie relationnelle sous toutes ses formes (amicale, familiale, sociale), la vie sexuelle, les loisirs… L'étoile « logement » polarise ainsi l'énergie de la plupart des gens à l'âge mûr et ils y consacrent une grande partie de leurs ressources en temps et en argent, sacrifiant parfois d'autres pans entiers de vie qu'il leur serait possible de développer. Loin de se contenter d'une simple maison de survie, ils en font le pôle central de leur vie en aménageant des chambres pour les enfants et les amis (besoin de vie relationnelle), une cuisine agréable (besoin de faire de bons petits plats), un atelier et un coin télévision avec de bons fauteuils (loisirs), une décoration soignée et une belle bibliothèque (besoins artistiques et culturels), etc.

S'ACCOMPLIR

Survivre est nécessaire et vivre est agréable, mais l'être humain est un être bizarre et ces satisfactions ne lui suffisent pas. À un troisième niveau, il veut comprendre pourquoi il est sur terre et donner du sens à sa vie. La quête de cet accomplissement est *individuelle* lorsque la personne cherche à s'accomplir dans ses talents personnels. Elle est *collective* lorsque des hommes et des femmes s'unissent pour contribuer à l'avancée humaine tout entière.

Deux grandes voies sont possibles pour celui ou celle qui veut s'accomplir

— la première, que l'on pourrait appeler « construction de soi-même », est volontariste. Elle consiste à chercher et devenir « qui l'on est » dans sa spécificité, son unicité, son génie propre. L'être humain met alors en œuvre un projet de vie, une ambition fondée sur la construction d'une identité forte. La gestion du temps de tels êtres, telle que je peux l'entrevoir au travers d'interviews ou de biographies, n'a pas été forcément très facile, mais elle est cohérente, solide. Ils (elles) ont une vision d'eux-mêmes et de leur génie propre qui rend leur action percutante. Nous admirons de tels hommes politiques, de tels artistes, de tels savants : Martin Luther King pour l'émancipation des Noirs, Renoir pour sa peinture, Gorbatchev pour avoir osé tourner la page du communisme, Marie Curie pour la découverte du radium… Mais je ne fais pas de différence entre eux et mon boulanger qui donne un sens à sa vie en faisant cuire du bon pain pour ses clients, ni l'un de mes amis CRS qui passe son temps à surveiller les imprudents sur les plages. Qu'ils (elles) soient chefs d'entreprise, experts, sportifs, hommes politiques, mères de famille, la conscience d'une telle « étoile » d'accomplissement de soi rejaillit directement sur la gestion du temps de ces êtres à l'identité forte car leurs journées sont tournées vers elles. Ceci est valable pour tous, riches ou pauvres, personnages modestes ou personnages en vue, qui ont en commun de savoir ce qu'ils veulent et là où ils veulent aller. Nous avons vu à l'ouverture de ce livre que de tels personnages sont les héros de notre époque : atteindre ses objectifs, savoir qui l'on veut être et le devenir ;

— la seconde voie consiste à abandonner l'idée selon laquelle nous maîtrisons, devons ou pouvons maîtriser le temps de notre vie. Le temps est une réalité qui nous dépasse et à laquelle il vaut mieux s'accorder que chercher à maîtriser.

Autant la première voie se vit dans le volontarisme, la réussite des projets, la patiente construction de soi-même, autant la seconde se vit dans l'abandon, le discernement intérieur, le « lâcher-prise au niveau du temps. La première voie est d'ordre humain, la seconde est d'ordre spirituel et nous la retrouverons à la fin du prochain chapitre lorsque nous parlerons du temps mystique.

L'IDENTITÉ

Comment trouver les étoiles du troisième niveau qui vont éclairer la gestion du temps de la « construction de soi-même » ? L'une des approches est de considérer qu'une étoile personnelle qui brille de tout son éclat confère à celui qui se dirige vers elle une identité[1] composée elle-même de trois éléments en cohérence : *l'identité interne*, la *reconnaissance externe* et le *statut* (fig. 4.2).

Figure 4.2 — Les comportements de l'identité

Prenons pour expliciter le concept d'identité l'exemple de Charles De Gaulle en mai-juin 1940[2], lorsque commence à briller son étoile politique. Tout d'abord, De Gaulle est habité par une très forte conscience de sa valeur et du désir de jouer un rôle dans l'Histoire. Cette force intérieure l'aide contre vents et marées à franchir les différentes épreuves qui le mènent en un mois du statut de colonel de

1. C'est dans le livre *Les Responsables porteurs de sens* de Vincent Lenhardt que j'ai trouvé cette décomposition des trois éléments de l'identité. Je m'en sers particulièrement lorsque j'accompagne en coaching les personnes pour un changement de carrière, période de gestion du temps éminemment critique.
2. Ce changement est décrit dans une épopée moderne intitulée *Le Chemin de Charles* (Éd. la Bohême). Ayant atteint son objectif (voir fig. 7.4), l'auteur s'accorde lui-même une récompense de « queue de poisson » avec cette publicité personnelle.

blindés à celui de chef de la France libre. Il se sent depuis longtemps investi d'une mission et a conscience d'être un homme et un chef exceptionnels. Cette partie de nous-même qui représente notre moi profond, la partie la plus solide et la plus inébranlable de notre identité, nous l'appellerons l'*identité interne*. C'est ce que nous disons de nous-même, ce qui traduit nos ambitions, nos désirs, indépendamment du jugement d'autrui. C'est l'image que nous avons de nous-même, le jugement sur notre personne, la conscience de nos désirs profonds, qu'ils soient avoués ou secrets. C'est nous devant notre glace, seul juge de nous-mêmes, et qui répondons sans fard aux questions : « Qui suis-je ? » et « Qui est ce que je veux être ? » Dans la construction d'un moi cohérent, l'identité interne précède la reconnaissance externe et le statut.

La deuxième composante de l'identité est la *reconnaissance externe*, c'est-à-dire ce que les autres disent de nous, que ce soit vrai ou faux, que nous soyons d'accord ou non. C'est l'ensemble des attributs que les autres projettent sur nous : sympa, astucieux, balourd, faible, pervers, courageux, stupide, lâche, intelligent, etc. Dans l'exemple de l'étoile de De Gaulle en 1940, la reconnaissance externe est dans un premier temps celle que lui attribuent depuis ses années ses chefs et ses pairs. Elle est peu flatteuse et en complète dysharmonie avec son identité interne. Vu par ses chefs, De Gaulle est en effet un officier intelligent et qui parle bien, mais « infatué de lui-même », « excité ». Vu par ses pairs, il est le « général Motor », le « connétable » (sobriquet qu'il traîne depuis Saint-Cyr). La reconnaissance externe est ou devrait être la partie la moins importante de notre identité et pourtant, personne ne peut s'en passer tout à fait car aussi autonomes que nous soyons, nous avons tous besoin d'un minimum de signes de reconnaissance pour vivre au niveau psychologique.

La troisième composante de l'identité est le *statut*, c'est-à-dire la fonction officielle en société, le rôle que nous y jouons. Sa définition ne souffre généralement pas de discussion car elle se fonde sur un consensus social, quel que soit le jugement porté par ailleurs sur notre personne ou nos compétences. Le statut, c'est la carte de visite, la façon dont la personne se présente socialement. Pour connaître le statut d'une personne, nous posons la question « Que faites-vous dans la vie ? » et la personne répond : « Je suis… » en ajoutant son statut. « Je suis… directeur de Péchiney,… cuisinier,… propriétaire d'une maison à Étretat,… grand-père… ». Le statut de Charles De Gaulle en mai 1940, c'est d'être colonel de blindés, mais il changera trois fois en un mois. De Gaulle passe d'abord général de brigade à titre temporaire (à partir du 21 mai 1940), puis sous-secrétaire d'État à partir du 6 juin et enfin chef des Français libres reconnu par les Anglais le 26 juin 1940.

Ce qui fait la force d'une identité personnelle, c'est la cohérence des trois composantes. De Gaulle à partir de l'été 1940 se sent pleinement le chef de la France libre (identité interne), il est reconnu comme tel par les Anglais puis par des Français de plus en plus nombreux (reconnaissance externe) et il porte le titre officiel (statut). Que l'un des trois piliers se soit écroulé à ce moment-là et Pschitt ! De Gaulle aurait dû se contenter d'un petit paragraphe dans les traités d'histoire. Jamais un homme n'aurait pu supporter de telles épreuves en si peu de temps s'il n'avait eu une identité interne forte. D'autre part, sans l'appui de Churchill et le soutien politique et financier anglais (reconnaissance externe), l'aventure de Londres aurait vite tourné court. Enfin, sans son titre, De Gaulle se serait perdu dans la nébuleuse des différents chefs de la résistance (statut). Mais le personnage avait du cran et de la chance. Il n'a eu de cesse de conforter la cohérence de son identité jusqu'à la consécration d'août 1944.

Se diriger vers une étoile en sachant ce que nous voulons être (*identité interne*), en ayant la volonté d'être reconnu comme tel (*reconnaissance externe*), et en cherchant à disposer du *statut* social qui confirme l'ensemble est le plus sûr moyen de gérer le temps de notre vie de façon cohérente. Mais que l'une des composantes vienne à s'affaiblir et c'est l'ensemble de notre temps qui en pâtit. Tel est le passage classique de l'adolescence dans lequel un garçon (une fille) n'est pas encore reconnu(e) comme un homme (une femme) tout en ayant envie d'en être un(e). Tel est le passage que vivent les mères de famille qui ont passé quinze ans à s'occuper de leurs enfants et se découvrent une nouvelle identité interne, parfois au grand désarroi de leur entourage.

Pour trouver les étoiles de son accomplissement personnel, il faut donc prendre conscience de son identité, puis donner la priorité à tout ce qui contribue à la renforcer. Par exemple, si je me sens une âme de chirurgien (identité interne), que l'on dit de moi que je suis un grand chirurgien (reconnaissance externe) et que je suis interne en chirurgie des hôpitaux de Toulouse (statut), « être un grand chirurgien » est une étoile qui brille de tout son éclat et la gestion de mon temps s'y inscrit harmonieusement. Autre exemple, si j'ai trente-huit ans, que j'ai rêvé d'avoir enfin un bébé parce que le temps presse, que j'ai mon bébé et que tout le monde parle de moi en tant que mère, « être mère » est une étoile cohérente, brillante. Et si j'ai quarante-huit ans, que j'ai découvert la sculpture et m'en fais une passion (identité interne), « être sculpteur » est une étoile que j'ai intérêt à suivre. Il me manque certes la reconnaissance et le statut, eh bien au travail ! Je peux avec une telle étoile me fixer de beaux objectifs.

Pour trouver les étoiles de l'accomplissement personnel, les questions à se poser (fig. 4.3) sont :

- Qui suis-je (identité interne, reconnaissance externe, statut) ?
- Qui ai-je envie d'être (identité interne, reconnaissance externe, statut) ?
- Qu'est-ce qui pourrait me permettre de combler le décalage éventuel[1] ?

Parvenu à ce stade, il est temps de définir vos étoiles actuelles avec l'exercice n° 7.

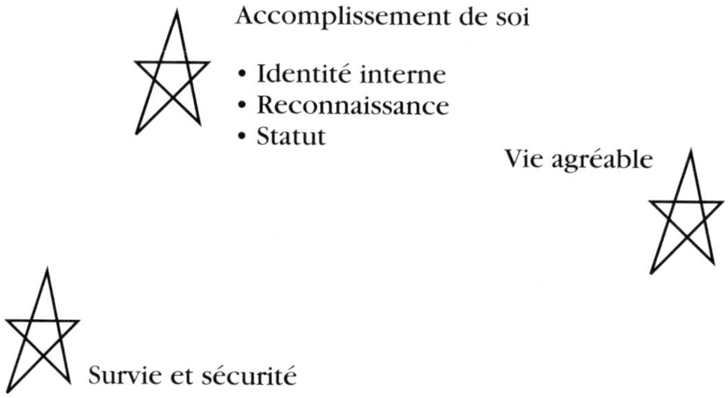

Figure 4.3 — Les étoiles

Exercice n° 7 : Trouver ses étoiles

L'objectif de cet exercice est de nommer vos étoiles actuelles ou rêvées pour la période des trois ans à venir. Confortablement installé, répondez aux questions ci-dessous.

Durée : environ trois heures.

1. Par exemple, si mon métier me pèse, est-ce par affaiblissement de motivation (identité interne) ou par manque de reconnaissance ?

Phases de l'exercice	Commentaires
Quelles sont les dix expériences ou réalisations que j'aimerais vivre d'ici trois ans ?	Vie personnelle et professionnelle. Tout est possible, vous avez une baguette magique.
Quelles sont les motivations qui se dégagent de ces expériences ?	Il s'agit de découvrir les fils conducteurs, les besoins les plus importants pour vous, tous niveaux confondus. Le tableau de l'annexe 3 peut vous aider en ce sens.
Qui suis-je ?	Prenez dix feuilles de papier, inscrivez en haut de chacune « Je suis » et écrivez les dix façons essentielles dont vous vous voyez. Cela peut être des traits de caractère, des défauts, des qualités, un statut. Vous pouvez vous qualifier par un mot (nom, adjectif, verbe, adverbe), un membre de phrase, une image… Classez les dix feuillets en les mettant dans l'ordre de ce qui vous caractérise le plus.
Décrire en vingt lignes ma vie idéale Je suis… J'ai réussi à… Je fais… J'ai…	Les trois niveaux sont à prendre en compte : survie, vie agréable, accomplissement personnel. Comparer la vie idéale à trois ans avec les expériences de la première ligne ci-dessus.
Qu'est-ce que j'aimerais que l'on dise de moi dans cette vie idéale ?	Examen de la « reconnaissance externe » future.
Quelle serait ma « carte de visite » ?	La dessiner concrètement. C'est l'examen du « statut ».
Comment se passerait concrètement une semaine habituelle de cette vie idéale ? Quel serait l'emploi du temps imaginable ? Quel est le type de personnes que je rencontrerais ? Comment est-ce que je gagnerais ma vie ? à combien s'élèveraient mes revenus ? Comment serait mon lieu de travail ? en quel lieu ? Quelle serait ma vie privée ?	Il s'agit de visualiser concrètement vos rêves. Utilisez vos cinq sens : ce que vous verrez, ce que vous entendrez, ce que vous respirerez (odeurs), la texture de ce que vous toucherez. Vous pouvez répondre à cette question en deux temps : l'une pour une semaine de travail idéale, l'autre pour une semaine de vie privée idéale. Soyez très concret.
Qu'est-ce que j'aimerais avoir vécu d'ici trois ans si je devais alors mourir par accident : Quel type d'homme (de femme) voudrais-je avoir été durant cette période ? Que voudrais-je avoir réalisé ?	Projets concrets tenant compte de votre situation actuelle et de votre potentiel. Soyez optimiste et réaliste. Ayez confiance en vos talents.

Que serait-il sage pendant ces trois ans de préparer pour réussir la suite si jamais ma vie continuait ?	Anticipation du futur à plus long terme.
Qu'est-ce que je risque en m'engageant dans cette vie pendant trois ans ?	Risques financiers, humains, juridiques à choisir ces projets concrets.
Comment prévenir ces risques ou revoir mes projets en fonction d'eux ?	Prise en compte du niveau de survie/ sécurité.
Quelles sont mes étoiles ?	Relisez l'ensemble de vos notes, prenez une feuille de papier vierge et dessinez vos étoiles en les nommant. Contemplez la plus brillante. Y a-t-il des objectifs qui lui sont attachés et que vous pouvez dès maintenant envisager ?

CHANGER D'ÉTOILE

Si la façon dont se déroule le temps de votre vie vous pèse, peut-être est-il temps d'infléchir le cours de votre vie pour vous réorienter vers d'autres étoiles. C'est une longue quête semée d'interrogations, de doutes. Mais de la même façon qu'un paquebot est lent à manœuvrer lorsqu'on tourne la barre vers un nouveau cap, de même je souhaite aux lecteurs de prendre conscience qu'ils disposent d'un gouvernail pour confirmer ou changer le cap de leur vie et je les invite à prendre du temps pour y réfléchir. C'est votre vie qui est en jeu, ce que vous avez de plus précieux au monde, et je suis infiniment sérieux en écrivant cela.

Lorsqu'une nouvelle étoile apparaît, il peut s'agir d'un simple souhait de changement intérieur (*identité interne*). La personne a alors besoin d'une démarche de développement personnel qui lui donne les permissions et les protections nécessaires pour changer d'attitude, de comportement, ou de croyance sur la vie. L'expérience m'a cependant montré que la plupart des changements intérieurs de ce type finissaient par se traduire au niveau social par de nouvelles relations et souvent un nouveau métier.

Le désir de changer d'étoile peut aussi se traduire au niveau de la *reconnaissance externe*, la personne ayant l'intuition qu'elle a de la valeur, mais n'étant pas reconnue comme telle par son environnement. C'est l'histoire du vilain petit canard d'Andersen qui découvre qu'il est différent, qu'il est un cygne. Certaines personnes peuvent éprouver le besoin de changer de système social afin d'être reconnues à leur juste valeur. Je connais ainsi une enseignante très motivée et performante, mais qui ne trouvait pas au sein de son établissement scolaire la reconnaissance dont elle avait besoin. Elle changea d'école et tout alla mieux.

L'aspiration peut enfin provenir d'un désir de changement radical. Nous rêvons d'être autre et ce désir provoque en nous une tension due à l'apparition d'un décalage entre les trois composantes de l'identité. Le décalage le plus courant se situe entre une nouvelle identité interne à laquelle la personne aspire et un statut existant. Prenons par exemple le cas de Marc F, un collègue salarié qui intervenait depuis dix ans dans une entreprise de formation. À cinquante ans, il était considéré comme un excellent professionnel (reconnaissance externe), mais aspirait depuis plusieurs années à autre chose, une sorte d'envie de voler enfin de ses propres ailes, d'organiser le travail d'une équipe et de gagner directement le fruit de son travail (identité interne). Lorsqu'il parlait de son projet à ses amis, sa famille, ceux-ci doutaient, s'inquiétaient ou au contraire l'encourageaient. Plus le temps avançait et plus Marc ressentait douloureusement cette tension. Son étoile était en train de changer et il devait prendre un nouveau cap pour remettre en harmonie son identité. Mois après mois, il avança, parla de son projet à des amis, se renseigna. Il fit quelques démarches préliminaires pour constituer une nouvelle entreprise. Peu à peu, l'entourage accepta qu'il change, on le félicita pour son courage, on l'aida. Vint enfin le moment où il reçut une première commande personnelle, la reconnaissance tant attendue. Se sentant mûr pour le grand saut, il changea de *statut* en démissionnant de son entreprise et en fondant la sienne.

L'étape qui couronne un changement est la définition d'un nouveau statut. Celui-ci peut être officiel ou résulter simplement d'un consensus social. Je connais un officier à la retraite qui se sentait motivé pour s'occuper de la copropriété où il avait établi sa résidence. Il se démena tant et tant que bientôt, on lui suggéra fortement de prendre la présidence de celle-ci, ce qu'il fit au grand contentement de tous. Il avait fini par trouver le statut cohérent avec l'ensemble de son identité.

Accepter une nouvelle étoile n'est pas facile et nous avons besoin de nous donner la permission de réussir. La psychologue Pamela Levin a pour cela recensé un certain nombre de permissions psychologiques fondamentales qui, si nous nous les octroyons, nous permettent de

« vivre » de façon agréable et de nous accomplir. Je les ai reprises ici en les adaptant à la culture européenne.

Exercice n° 8 : Se donner les permissions nécessaires

Choisissez parmi les permissions suivantes cinq « permissions » dont vous avez besoin pour progresser vers vos « étoiles » :

- Tu as le droit d'avoir ta propre opinion sur le monde, d'être qui tu es et d'essayer ton pouvoir.
- Tu peux être puissant et en même temps avoir besoin d'aide.
- Tu n'as pas besoin d'être malade ou déprimé pour que l'on t'aide.
- Tu as le droit de chercher qui tu es.
- Tu as le droit d'imaginer des choses sans pour autant craindre qu'elles se réalisent.
- Il est bon que tu découvres par toi-même les conséquences de tes comportements.
- Il est bon pour toi d'aller dans la « cour des grands » et de réussir.
- Tu peux prendre toi-même en charge tes propres besoins, sentiments et comportements.
- Tu pourras revenir chez ceux qui t'aiment chaque fois que tu le souhaiteras.
- Il est bon pour toi d'explorer une nouvelle fois le monde.
- Tu peux réclamer de l'attention et des approbations.
- Il est bon que tu prennes des initiatives.
- Tu as le droit d'être curieux et d'avoir de l'intuition.
- Tu peux aller de l'avant, te renseigner, dire non et commencer à te séparer de ceux qui t'aiment.
- Tu as le droit d'exprimer tes ressentiments.
- Tu peux penser à ce que tu ressens et éprouver des émotions à partir de tes pensées.
- Tu peux penser par toi-même et tu n'as pas à prendre soin des autres en pensant à leur place.
- Tu peux tout à fait être assuré : c'est toi qui sais ce dont tu as besoin.
- Tu as le droit d'être nourri, aimé, touché, caressé.
- Va hardiment en prenant garde aux obstacles.
- Tu n'as pas à te dépêcher, prends tout ton temps.
- Il est bon que tu fasses les choses à ta façon, que tu aies tes propres repères moraux et que tu choisisses tes méthodes.
- Tu peux réfléchir avant de t'engager.
- Aies confiance dans ce que tu ressens pour te guider.
- Tu n'as pas besoin de souffrir pour obtenir ce dont tu as besoin.
- Tu as le droit de ne pas être d'accord.

LE TEMPS HOLOMORPHIQUE

La personne qui a trouvé ses « étoiles » dispose d'une extraordinaire boussole pour choisir parmi les divers projets à long terme qui s'offrent à elle, professionnels ou personnels. Mieux encore, elle peut vivre ses « étoiles » au quotidien par une gestion *holomorphique* de son temps. Ce mot mérite quelque explication.

« Holomorphie » vient du grec *holos* qui signifie « tout » et *morphos* qui a donné « forme ». Il y a holomorphie chaque fois qu'une petite partie d'un tout est à l'image de ce tout. Dans le domaine artistique ou politique, l'holomorphie est courante. En écoutant par exemple quelques mesures d'un morceau de musique, on peut dire avec une bonne chance de ne pas se tromper : « C'est du Beethoven. » En peinture, on dira de même en voyant un détail d'une peinture : « C'est un Chagall » ou : « C'est un Renoir. » Pourtant, prises séparément à l'intérieur d'un même œuvre, toutes les parties sont différentes. Chaque tableau de Renoir est unique, mais tout se passe comme s'il constituait à lui seul une représentation de toute l'œuvre. Un seul poème de Victor Hugo donne une assez bonne idée de son style tout entier. Une sonate de Mozart est représentative de tout Mozart et de Gaulle, quand il parlait, avait un style tel que chacun de ses discours était holomorphique de sa pensée politique tout entière. Une réalité est holomorphique d'un ensemble plus vaste lorsqu'elle donne une idée assez précise de cet ensemble dont elle fait partie.

De ce point de vue, nous réussissons notre temps au quotidien chaque fois que notre journée est holomorphique de notre projet de vie, c'est-à-dire chaque fois que nous sommes à la fois attentifs aux dangers qui nous menacent (survie), aux bons côtés de la vie (vie agréable) et à la marche vers nos « étoiles » (accomplissement de soi). Cette holomorphie ne signifie pas que nos journées doivent se ressembler, ni qu'elles doivent être organisées de la même façon, mais que nous avons à les vivre d'une façon cohérente avec la vision personnelle de l'ensemble de notre existence. Cette anticipation bien conduite ramène à l'instant présent et, au lieu de rêver, nous pouvons parvenir à faire de chacune des journées un reflet holomorphique du temps de toute la vie. C'est pourquoi, celui qui veut gérer sereinement son temps au quotidien en avançant vers ses « étoiles » doit avoir longuement mûri ce qu'il veut faire de sa vie. Chaque jour devient à lui seul un succès et l'addition de tous permet pas à pas la construction de cette identité recherchée, trouvée, décidée.

Écoutons quelques hommes ou femmes à « l'étoile forte ». C'est Charles De Gaulle parlant dans ses mémoires de sa décision de 1940 : « Me voici décidé à incarner sans relâche la figure de la France indomptable, imposant à mon personnage une attitude que je ne pourrai désormais plus changer, tutelle intérieure, joug terrible. » Écoutons François Mitterrand qui affirmait que pour devenir président de la République, il fallait n'avoir que cela en tête du matin jusqu'au soir pendant vingt ans. Lisons la vie de Marie Curie, de Pasteur, de Lindbergh, de Gandhi et de tant d'autres. À chaque fois, vous trouvez une « étoile » déclinée au quotidien avec persévérance.

J'ai présenté le temps holomorphique d'une façon positive, mais ceux qui gèrent mal leur temps ou le gâchent vivent aussi une holomorphie, mais cette fois dans le sens négatif. Les petits ou grands échecs de chacune de leurs journées sont en effet à l'image de ceux de leur vie tout entière. Pour reprendre un exemple tiré du mythe des diablotins, un Sois sympa ! qui perd une heure par jour en ne sachant pas négocier son temps avec autrui aura perdu à la fin de sa vie une notable quantité d'énergie à se faire croquer par les autres. On pourra écrire sur sa tombe : « Ci gît une personne qui a gâché chaque jour de sa vie en faisant trop plaisir aux autres. » Un Ne t'arrête pas ! aura comme épitaphe : « Ci gît un homme qui n'a pas su profiter de sa vie au quotidien et est passé à côté de sa quête. » Celui qui perd son temps chaque jour perd sa vie. Celui qui ne sait pas s'organiser au quotidien ne sait pas organiser l'ensemble de sa vie. Celui qui ne sait pas profiter de la vie chaque jour ne sait pas profiter de la vie.

Donnons un exemple d'une journée holomorphique avec le cas de Jeanne R., mère de famille de cinquante ans et comptable en recherche de travail, rentrée de vacances la veille au soir. Jeanne connaît ses étoiles pour avoir longuement réfléchi au cours qu'elle entendait donner à sa vie :

- Être une bonne mère de famille pour mes trois grands enfants.
- Être une épouse « sympa mais autonome ».
- Avoir une vie affective réussie.
- Être reconnue comme une comptable compétente.
- Prendre le temps de vivre en satisfaisant ma passion pour le dessin.

Après un solide petit-déjeuner pris avec son mari, au cours duquel elle négocie avec lui la préparation du repas du soir (étoile de l'épouse sympa mais autonome), elle organise sa journée en prévoyant de faire les courses (étoile de mère de famille). Jeanne veut aussi préparer un entretien d'embauche qui doit avoir lieu le jeudi (étoile professionnelle), ranger la maison et prendre un rendez-vous chez le dentiste (étoiles de survie/sécurité). À la fin de sa journée, Jeanne a rempli son programme. Elle a même profité des courses pour renouveler ses tubes de couleur au magasin proche du supermarché (étoile artistique et utilisation du « che »). Elle peut s'estimer satisfaite : elle a progressé vers ses étoiles et atteint ses objectifs de journée. Jour après jour elle bâtit ainsi sa vie, même s'il y a fort à parier que, comme Monsieur Jourdain, son temps est holomorphique sans qu'elle le sache.

Exercice n° 9 : Vivre une journée holomorphique

Demain matin, posez-vous quatre questions sur votre journée :

- Qu'est-ce que je dois absolument faire aujourd'hui pour éviter d'avoir de graves ennuis ?
- Qu'est-ce que je peux faire ou vivre pour avoir la vie la plus agréable possible ?
- Quel est le petit pas que je peux faire pour avancer vers l'une de mes étoiles ?
- Aujourd'hui c'est le moment ou jamais de…

Bonne journée !

Trouver ses Étoiles

Suggestions

- Être conscient de son identité actuelle et de son identité rêvée.
- Trouver ses étoiles.
- Se donner les permissions pour réussir.
- Marcher vers les étoiles au quotidien en les déclinant sous forme d'objectifs.

5

DE TEMPS EN TEMPS

SYNTHÈSE

L'approche du temps par le « poisson » ne suffit pas. Nous avons aussi à composer avec la réalité changeante qui nous entoure, ses opportunités et ses contraintes. Il nous faut donc danser en permanence entre un pôle de type actif, traduit par des démarches volontaristes de projet telles qu'elles ont été magnifiées par le monde occidental, et un autre pôle de type tactique tel qu'il a été prôné par la culture chinoise avec la notion de « che ». La compétence de « che » est l'attention permanente à la réalité du monde présent et à « l'agencement des choses », dont il convient de tirer le meilleur parti au fur et à mesure de leur évolution.

La perception occidentale du temps donne du sens et de la méthode, l'orientale permet de coller à la réalité. Mais aucune des deux ne nous protège de l'angoisse existentielle qui nous saisit sur la fin de notre temps, c'est-à-dire notre mort. Face à celle-ci, une réponse couramment apportée est de recourir à une dimension religieuse du temps caractérisée par la croyance en un « au-delà ». Mais une autre réponse consiste à s'accorder à un temps mystique qui dépasse les notions habituelles de vie et de mort pour rejoindre la « vie éternelle » du temps présent.

L'APPROCHE OCCIDENTALE DU TEMPS ET SES LIMITES

Brûlons ce que nous avons adoré et faisons pour un temps descendre de son piédestal le concept de poisson prôné dans les chapitres précédents. Il revêt en effet par certains aspects un caractère volontariste qui traduit une volonté de toute-puissance sur le temps. Or il est irréaliste de mener à bien des projets sans tenir compte des fluctuations de l'environnement ni de notre propre évolution. Il ne s'agit pas seulement des imprévus qui interviennent normalement tout au long de la vie d'un projet, ni de ce que l'on a oublié ou sous-estimé, mais de l'idée selon laquelle, si l'on a suffisamment bien étudié un projet, il serait possible de l'accomplir envers et contre tout. Telle est pourtant l'illusion rationaliste du monde occidental.

Nous sommes dans cette perception utopiste du temps les dignes héritiers d'une longue tradition occidentale qui va de l'Antiquité au monde moderne, d'un Aristote obsédé par le classement des choses à un Taylor qui veut nous persuader que le travail répétitif et planifié est la base de la richesse et du bonheur. Le pas décisif fut franchi au XVIIe siècle, lorsque Galilée considéra que le temps était une grandeur quantifiable que l'on pouvait prendre comme une variable de calcul à l'égal des autres. Le temps commença alors à jouer un rôle fondamental dans la physique. Bientôt, les scientifiques se mirent à imaginer que si l'on réussissait à mettre l'univers en équations, il deviendrait possible de déterminer[1] tout l'avenir, y compris le fonctionnement du cerveau humain et ainsi d'écarter toute incertitude. Au XIXe siècle, le physicien Laplace affirme ainsi[2] qu'une intelligence qui embrasserait tout l'état présent du monde, toutes les positions et les vitesses des particules à un moment donné, connaîtrait le passé et le futur, pour peu qu'elle disposât d'une puissance de calcul illimitée. Dans l'esprit de ces hommes, ce n'était qu'une question de recherche scientifique et de patience.

La raison va maîtriser l'univers et, pour cela, nous devons travailler. Ne rien faire, c'est peut-être paresser ? C'est en tout cas gâcher un temps précieux qui pourrait être employé à produire, agir, ou préparer

---

1. Cette démarche est d'ailleurs dénommée mouvement *déterministe*. Le futur est supposé inclus dans le présent.
2. Cité par Bruno Jarosson, *Briser la dictature du temps*, voir la bibliographie.

l'action. Ce sont sans doute les protestants qui ont le mieux exprimé l'obligation morale du travail et l'interdiction de profiter du travail accompli, laissant s'installer à leur aise le diablotin Ne t'arrête pas ! Le philosophe allemand Max Weber a même prétendu que le monde capitaliste devait son essor à l'adoption d'un certain état d'esprit protestant caractérisé par le précepte : « Faire fructifier le monde, oui. En profiter, jamais. » Il écrit dans *Éthique protestante et Esprit du capitalisme* que pour les protestants, « le travail doit s'accomplir comme s'il était un but en soi — une vocation ». Dans le même ouvrage, il ajoute en commentant les écrits du théologien protestant Baxter : « Ce qui est réellement condamnable, du point de vue moral, c'est le repos dans la possession, la jouissance de la richesse [...] Gaspiller son temps est donc le premier, en principe le plus grave, de tous les péchés [...] L'œuvre de Baxter est imprégnée d'une prédication incessante, presque passionnée parfois, en faveur d'un labeur dur et continu, que celui ci soit manuel ou intellectuel [...] Le travail est le but de la vie. »

Les livres actuels de gestion du temps s'inspirent fortement de cette vision occidentale à laquelle j'ai d'une certaine façon adhéré avec le concept du « poisson ». J'ai ainsi sous les yeux un ouvrage américain sur le temps dont voici le titre : *How to Get More Done in Less Time* (*Comment en faire plus en moins de temps*). Cette maxime synthétise assez bien la perception des Occidentaux. Il s'agit de mettre le temps en boîte en planifiant les tâches, puis de les accomplir d'une façon rigoureuse en suivant l'ordre prévu. Prévoir ce qui doit être fait, le préparer sous forme de programme, puis le réaliser conformément au plan, tel est l'idéal recherché en Occident. Ne rien faire est inconcevable.

Les méfaits de cette attitude sur le bonheur de vivre ont été maintes fois dénoncés par les psychologues. Sur un plan individuel, cette approche du temps renforce dans leur tendance au manque de sérénité les personnes de type Ne t'arrête pas ! Sur un plan social, elle conduit au labeur incessant des salariés condamnés à passer leur vie dans un monde tout entier tourné vers la productivité. Face à cette approche complètement différente de la leur, les Orientaux qui nous voient nous empêtrer dans nos planifications restent dubitatifs.

Il serait pourtant stupide de jeter le bébé avec l'eau du bain et l'approche occidentale tournée vers la réalisation d'objectifs comporte de multiples aspects positifs. Sur le terrain psychologique, la gestion du temps par objectifs donne en effet de bons résultats avec certaines personnalités, en particulier les Cigales, les Marmotte et les Sois sympa ! Au-delà des différences psychologiques, l'approche par anticipation invite surtout chacun à acquérir une capacité *téléologique*, c'est-à-dire la faculté de se fixer des objectifs et de les atteindre, le choix d'inscrire concrètement dans sa vie des projets. Sans cette volonté, nous aurions tendance à laisser filer le temps dans le rêve, les sentiments ou l'action immédiate.

L'APPROCHE MOYEN-ORIENTALE DU TEMPS

Où faut-il alors nous diriger pour trouver une approche du temps qui conjugue à la fois l'efficacité et la sérénité ? Serait-ce dans la sagesse du Moyen-Orient ? Après tout, les peuples de culture musulmane ont une philosophie de l'instant plus tranquille que la nôtre. Pourtant leur approche du temps nous hérisse car ils éprouvent de réelles difficultés à mettre en place une planification rigoureuse lorsque celle-ci est pourtant nécessaire (je pense aux grands projets industriels). Il ne s'agit pas d'un problème de mauvaise volonté ou d'intelligence, mais bien d'une façon différente de voir le monde. Pour les musulmans, l'avenir appartient à Dieu et le croyant doit s'en remettre à lui. Il ne s'agit nullement de passivité, mais d'un abandon au Dieu unique. On peut planifier, organiser et prévoir, mais lorsque des bâtons viennent se mettre dans les roues, Inch Allah ! Si le projet des hommes rentre dans les desseins de Dieu, il se fera. Et s'il n'y entre pas, il est inutile de prétendre lui forcer la main.

Telle est l'aventure vécue par un groupe de tourisme dont je faisais partie, en janvier 2000 à Assouan (Égypte). Embarqués sur deux felouques pour cause de nombre, nous faisions la traditionnelle promenade en barque autour de l'île Éléphantine lorsqu'un déplacement de bateaux croisières sépara les deux barques, obligeant la nôtre avec son sous-groupe à accoster sur la rive ouest du Nil. Nous débarquâmes et le timonier égyptien repartit immédiatement tandis que l'autre sous-groupe dont faisait partie notre guide officiel accostait sur la rive est. Nous pensions que le guide allait nous rejoindre rapidement pour nous faire embarquer sur notre bateau, mais rien. Une heure se passa, puis deux. La felouque était de l'autre côté, immobile. Lorsqu'on vint enfin nous chercher, j'interrogeai le guide sur la raison de sa passivité. Il m'expliqua qu'il avait fait tout ce qu'il avait pu, utilisant en particulier son téléphone portable pour communiquer avec notre bateau. Mais comme aucune felouque de secours ne pouvait être louée pour nous ramener à bord, il s'était estimé quitte de ses responsabilités. « C'est cela, le Inch Allah », conclut-il (je lui laisse la responsabilité théologique de ses propos).

Cette attitude, hautement préjudiciable à la vie des affaires telle que les Occidentaux se la représentent, explique les méconnaissances de délais et de moyens que font parfois les Orientaux lorsqu'ils se trouvent contraints de planifier. Dans les religions chrétienne et judaïque, par contre, Dieu a fait l'homme à son image et il lui a donné l'autorisation de régner sur la nature, d'être interventionniste, homme de projet. Plus qu'une autorisation et un privilège, c'est même un devoir puisque Dieu utilise l'impératif : « Qu'il domine sur les poissons de la mer, sur les oiseaux du ciel, sur le bétail, sur tous les reptiles qui rampent sur la terre » (Genèse). La conception philosophique de l'homme s'en ressent : l'homme est « maître et possesseur de la nature » selon Descartes. Il a le droit et même le devoir de planifier son action.

L'APPROCHE CHINOISE DU TEMPS : LE « CHE »

J'en étais resté là de mes interrogations sur le dilemme « efficacité/sérénité » des différentes approches culturelles du temps lorsque j'eus l'occasion d'effectuer un voyage en Chine. J'avais emporté avec moi un ouvrage philosophique de François Jullien qui devint pour un temps mon livre de chevet[1] et m'apporta un singulier et nouvel éclairage sur ce dilemme.

L'aventure eut lieu non loin de la ville de Xi'an, sur les plateaux de la Chine centrale. À cet endroit se trouve le tombeau du premier empereur chinois, Qin Shi Huang. Ce monarque sanguinaire qui construisit la grande muraille ne voulait pas se retrouver sans protection au royaume des morts et il fit enterrer près de lui une armée de sept mille soldats d'argile constitués de bataillons tournés vers d'hypothétiques agresseurs. Ce qui frappe le visiteur occidental lorsqu'il découvre cette merveille artistique, c'est le relativement petit nombre des statues qui ont été déterrées, un millier environ. Il se prend à rêver du spectacle grandiose que constituerait le spectacle de la totalité des statues, toutes différentes et aussi belles les unes que les autres. Aussi demande-t-il la raison qui a poussé les Chinois à arrêter le chantier. Est-ce par crainte de la détérioration des

1. *La Propension des choses*, voir la bibliographie.

statues ? Est-ce un problème financier de restauration ? Lorsqu'il apprend que la Chine a refusé le concours de l'Unesco, il s'interroge. Serait-ce la fierté nationale qui pousse ce pays à ne pas faire appel aux fonds internationaux ? La réponse que nous donnèrent les Chinois lorsqu'avec ma compagne nous visitâmes le site fut celle-ci : « Nous avons le temps. Les statues sont là et lorsque le moment sera venu, nous finirons. »

Une telle réponse est difficile à admettre par un esprit occidental tout entier tourné vers l'anticipation planifiée. Pour un Chinois, elle s'inscrit directement dans sa conception du temps et un mot la résume : le « che ». Mot étrange que François Jullien traduit par la périphrase suivante : « Potentiel né de la disposition des choses ». La disposition en question, selon la philosophie du Tao, n'est pas fortuite car rien n'arrive par hasard et si deux choses, objets ou personnes, se trouvent en lien quelconque à un même moment, c'est qu'elles sont reliées à un tout plus vaste. L'approche taoïste dira par exemple que si vous avez acheté ce livre, ce n'est pas dû à une banale visite chez votre libraire, ni au titre figurant sur la couverture, ni à une quelconque intention de votre part d'améliorer de façon volontariste votre gestion du temps, mais parce que ce livre vous attendait et que vous l'attendiez. C'était le bon moment, le bon lieu, et vous étiez la bonne personne.

C'est donc avec un certain scepticisme que le Chinois regarde les outils occidentaux de planification. À quoi bon puisque l'enjeu est de déceler à chaque instant le « che » propre à chaque situation ? Prévoir est inutile et ce qui compte, c'est de découvrir le secret agencement des choses qui permet de tirer le meilleur parti de la réalité : « Le Chinois aime [...] calculer par avance et de façon exacte tous les facteurs qui sont impliqués afin de faire évoluer constamment la situation de la façon dont ceux-ci lui sont le plus complètement bénéfiques » (François Jullien). Le but de cette stratégie, écrit ce dernier, est « d'infléchir à son profit et par tous les moyens la tendance émanant du rapport de forces ». Il suffit dès lors de laisser le temps suivre son cours en fonction de la disposition que prennent les choses. Diana Hunt et Pamela Hait ajoutent dans *Le Tao du temps* : « La manière idéale de diriger les événements est d'employer des méthodes qui ne créent ni résistance ni réactions contre-nature. »

Les conséquences de cette philosophie au niveau du temps sont considérables. Celui ou celle qui adopte une telle façon de percevoir la réalité privilégie une approche passive du temps (sans qu'il soit donné de connotation péjorative à ce mot). Dans sa façon de vivre les heures et les années, c'est la patience qui est la vertu cardinale. Savoir attendre le bon moment, ne pas s'obstiner à réaliser ce qui va contre le flot naturel des choses, lâcher prise, telles sont les attitudes à adopter. Les outils occidentaux de planification, d'atteinte d'objectifs, de projection volontariste dans le futur sont regardés avec méfiance.

Cette approche orientale a de quoi séduire les Occidentaux surchargés qui trépignent d'impatience lorsque leurs projets se heurtent à des circonstances défavorables. Sur le terrain psychologique que nous avons étudié au chapitre précédent, la gestion du temps par le « che » donne en effet de bons résultats avec les personnalités sensibles aux diablotins Ne t'arrête pas ! et Papillonne ! L'approche chinoise leur apprend que ce qui compte n'est pas l'effort consenti ni la rigueur, mais l'efficacité due au « che ». Elle redonne à la patience ses lettres de noblesse. Mieux que cela peut-être, elle permet d'éprouver à plein la *jubilation* du « che » qui emplit l'être humain lorsque, ayant étudié soigneusement les facteurs favorables, il peut avec une dépense minime d'énergie influencer de façon considérable le cours des choses. Prenons ainsi le cas d'un De Gaulle partant en Angleterre en juin 1940 ou, vingt-huit ans plus tard, réorientant les événements de mai 1968 par un simple voyage en hélicoptère suivi d'un discours de cinq minutes à la radio. Plus prosaïquement, j'éprouve cette jubilation lorsque, ayant mûri un projet, je me trouve dans des circonstances telles que je peux le faire avancer de façon significative avec un effort minime. Voici un exemple : j'avais décidé il y a quelque temps l'achat de matériel de sculpture spécialisé et avais établi à cet effet une liste. Ce matériel, je le savais, était disponible dans un magasin parisien très éloigné de chez moi et j'avais dès lors deux options : prendre trois heures de transport pour m'y rendre volontairement ou attendre des circonstances favorables qui m'en rapprocheraient. Je choisis d'attendre. Un beau jour, le « che » se présenta à moi sous la forme d'une disponibilité d'une heure à proximité du magasin en question. La jubilation consista à tirer de mon agenda la liste de matériel que j'avais patiemment mise au point, puis à acquérir ce dernier de façon paisible et efficace.

L'approche taoïste du temps a cependant son revers. Sur le plan individuel, elle renforce dans leur penchant à l'inefficacité les personnes sensibles aux diablotins Marmotte, Hibou et Sancho Pança qui n'ont déjà que trop tendance à adopter naturellement une attitude défensive par rapport à la réalité. Au niveau du temps social, l'approche philosophique orientale peut aussi conduire les adeptes du diablotin On à dédaigner les accords relationnels qui feront l'objet de la troisième partie de ce livre.

Établir des règles du jeu sur le « qui fait quoi et dans quel délai » peut se trouver en contradiction avec l'esprit du « che » puisque passer un accord, c'est prendre le risque de se priver de la possibilité de le dénoncer dans le futur, même si cela s'avérait intéressant pour l'une des parties ! Enfin, et ce n'est pas le moindre problème, la quête du « che » évacue la référence aux « étoiles » décrite au chapitre précédent. Agir au moment opportun comme le veut le « che », certes, mais pour quoi et pourquoi ?

Exercice n° 10 : Entraînement au « che »

Établissez d'abord une liste d'une dizaine de petites tâches ou actions que vous voulez effectuer depuis longtemps, mais que vous retardez parce que l'occasion ne s'en présente pas et que vous ne voulez pas perdre de temps pour elles. Typiquement, ce sont des petits achats à effectuer, une information à acquérir pour aller à un spectacle ou pour les prochaines vacances, un coup de téléphone à donner, un petit travail de bricolage ou de rangement chez soi, une démarche non urgente à effectuer, etc. Une fois cette liste établie, mettez-la en mémoire, puis poursuivez votre vie comme bon vous semble.

La seconde partie de l'exercice consistera, pendant une semaine, à être attentif aux circonstances qui se présenteront et feront que l'un de ces travaux pourra être effectué de façon élégante, en économisant votre temps. Dès qu'une telle opportunité se présentera, vous en profiterez.

Durant tout cet exercice, il s'agira d'adopter une démarche non volontariste, contraire à l'approche par le « poisson » du chapitre 1.

TEMPS D'EST OU TEMPS D'OUEST ?

Que faire ? Planifier ou veiller au « che » ? Veiller au « che » ou planifier ? Ni l'un ni l'autre ou plutôt les deux à la fois. Le bon gestionnaire du temps de sa vie choisit ses projets et les planifie « à l'occidentale », mais il n'est pas prisonnier de sa vision. Il adapte ses objectifs en fonction des événements et tire parti des opportunités « à l'orientale ».

L'APPROCHE RELIGIEUSE DU TEMPS : L'AU-DELÀ[1]

Parvenus à cette excellence du temps, les lecteurs assidus pourraient presque s'arrêter là. Imaginons-les, ces héros du temps, tout à la fois

1. Ce paragraphe ainsi que le suivant ont été rédigés pour la seconde édition.

attentifs et créatifs. Ils ont longuement mûri leurs étoiles et se sont donné un projet de vie. Ils ont bâti leurs méthodes de temps, celles de ce livre ou d'autres, peu importe. Ils maîtrisent leur temps de belle et bonne façon et savent tenir à distance leurs diablotins. Qu'ils soient donc hissés sur le pavois de la réussite humaine, ces excellents gestionnaires du temps, et qu'ils soient auréolés d'une couronne de feuilles d'agenda dorées ! Ils savent ce qu'ils veulent faire de leur vie, l'inscrivent sous forme de projets et sont attentifs au « che » qui leur permet de tirer parti des opportunités. Que demander de plus ?

Patatras ! Les voici qui vont rencontrer une ultime épreuve, celle de Qohéleth (alias le roi Salomon qui usa de ce nom d'emprunt) :

> *Quel profit y a-t-il pour l'homme*
> *de tout le travail qu'il fait sous le soleil ?*
> *Tout est fumée et poursuite de vent.*

Qohéleth, *Livre de l'Ecclésiaste*

Le roi des rois avait en effet connu les honneurs, la richesse, la réalisation de tous ses projets, et Dieu quels projets ! Il avait bâti le temple de Salomon, eu sept cents femmes et trois cents concubines, avait été poète, politique, amant et bâtisseur. Difficile de rêver mieux ! S'il existe un archétype du parfait gestionnaire du temps de sa vie, Salomon peut y prétendre et c'est à ce titre qu'il nous intéresse afin de traiter la grande et ultime question du temps de notre vie : que se passe-t-il lorsque nous sommes parvenus à maîtriser notre temps, à réaliser nos projets et à nous intégrer harmonieusement dans le cours du temps social ? Que faire quand nous sommes parvenus à réaliser nos objectifs mais comprenons que nous n'atteindrons jamais totalement nos étoiles ? Nous avons vieilli, le terme de notre vie se rapproche et les questions existentielles affluent, provoquant des doutes et un détachement des choses. À quoi bon tout cela ?

À quoi bon se fixer des objectifs ? À quoi bon réussir ses projets ? Peut-être n'est-ce qu'un palliatif contre nos angoisses de vide et de mort ? Peut-être notre besoin de structurer le temps n'était-il qu'une diversion ? Vient le moment où nous sommes tentés nous aussi de penser que comme Salomon que *tout est vanité* ou plutôt, pour reprendre la traduction exacte du mot hébreu, *tout est « buée »*. Une sorte de brouillard s'empare en effet à ce moment-là de l'esprit. La vie devient floue, elle n'offre plus de repères et l'absence de sens nous jette dans une sorte de dépression existentielle très différente de la dépression psychologique. Même la révolte devant l'inéluctabilité de la mort perd de sa saveur. Ah ! Quelle perfide *queue de poisson* de la vie pour l'accomplissement de soi-même ! Plus que la mort elle-même, c'est la *vanité* de la vie qui nous questionne.

Nous pouvons bien sûr nous persuader que ces interrogations sont inutiles, voire néfastes. La vie n'offre-t-elle pas une réponse à ces interrogations du seul fait de sa propre existence ? À l'instant où nous nous interrogeons sur le sens de la mort et de la vie, cette dernière refleurit en mille endroits, invincible et indestructible. Hélas ! C'est *La* vie et non pas *Ma* vie. *La* vie continuera après notre mort, mais *moi*, je ne serai plus là. Maudite Vie qui toujours se renouvelle, mais qui ne respecte pas ma propre vie et me nargue en me poussant chaque jour vers ma mort !

Il est impossible de parler du temps sans aborder la question de la mort. Je sais : ce n'est pas vendeur et mon éditeur va me tirer les oreilles. Mieux vaut que j'écrive sur les objectifs, la réussite, les étoiles, les projets. Pourtant, chacun de nous le sait en son for intérieur : non seulement le temps de chaque jour nous rapproche de la mort, mais pire : il nous interroge le sens de cette mort et par contrecoup sur celui de notre vie. Les philosophes le savent, tel Emmanuel Levinas qui intitula en 1975 son dernier enseignement « Dieu, la mort et le temps[1] ». C'est une pression qui pèse sur l'esprit et que certains ont nommé « angoisse existentielle », peut-être pour s'apaiser par un mot. Il y a quelques années, une phrase me terrifiait ainsi par sa nudité implacable : « Aujourd'hui est le premier jour du temps qui me reste à vivre. » Elle était supposée donner aux gens l'élan nécessaire pour accomplir ce qu'ils pouvaient encore accomplir. En fait, elle me ramenait cruellement à l'angoisse existentielle.

Oui, le temps est un être cruel qui se moque de notre déclin. Chaque jour, il avance et nous abîme. Chaque jour, il nous entraîne sur la pente des diminutions de nos facultés. À trente ans les performances sportives baissent. À partir de cinquante, il faut porter des lunettes et à soixante, on monte difficilement les escaliers. À quatre-vingts, on porte un dentier et à quatre-vingt-dix certains perdent un peu ou beaucoup la tête. Horrible perspective ! La médecine et la science font reculer pas

1. Emmanuel Levinas, *Dieu, la Mort et le Temps*, Grasset. Je recommande ce livre impressionnant à toutes les personnes qui naviguent aisément dans l'univers philosophique.

à pas ces échéances, mais elles ne les suppriment pas. Chacun de leurs progrès nous ferait presque croire que nous pourrions, tel Faust dans son pacte avec le diable, éviter l'issue fatale. Illusion !

Face au temps qui nous rapproche de la mort et à l'angoisse existentielle, chacun se débrouille comme il peut. Trois attitudes ont généralement cours. La première est celle de l'autruche : on ignore systématiquement la mort et son cortège annonciateur, comme s'ils n'existaient pas. On délaisse par exemple les personnes âgées de notre entourage dont le déclin nous rappellerait que nous y passerons nous aussi, on perçoit leur décès comme une source d'ennuis (mis à part l'héritage), on bâcle leurs funérailles. La seconde attitude consiste à se réfugier dans l'activisme et la recherche éperdue de toute forme de réussite humaine. On prône à tous crins l'accomplissement de soi et j'invite ici le lecteur à relire le discours de Carlo Moïso retranscrit dans les premières pages de ce livre.

La troisième attitude est la réponse religieuse traditionnelle qui, lorsqu'elle traite du temps, évoque couramment un espace avant la mort appelé « ici-bas » et un espace après la vie appelé « au-delà ». Elle place, nous dit Jean-François Revel dans *Le Moine et le Philosophe*[1], « la finalité de l'existence dans l'au-delà ou dans une vérité qui relève de la transcendance et, par conséquent, dans l'ensemble de démarches à accomplir et de lois à respecter pour assurer le salut personnel de l'âme immortelle ». C'est une sorte de « marché de temps » supposé nous conduire tout droit à une éternité de félicité ou d'horreur dans l'au-delà. Paradis des musulmans, des juifs ou des chrétiens, nirvana des orientaux, le principe religieux est toujours le même : il nous faut orienter nos « étoiles » et donc notre temps quotidien en fonction de certains principes. Nous pouvons alors espérer dans l'au-delà une vie de félicité (paradis) ou redouter une vie d'expiation (enfer) supposées durer « toujours », « éternellement ».

Cette position religieuse sur le temps peut conduire à toutes les aliénations[2]. Elle a été justement dénoncée et critiquée. Tant qu'à faire, je préférerais encore tenter d'oublier l'angoisse existentielle en me plongeant avec frénésie dans n'importe quel projet, fût-il vide de sens.

1. Nil Éditions. Voir le dernier chapitre « Le moine interroge le philosophe. »

2. … ou les drames. Ce passage a été écrit quelques jours avant les attentats du 11 septembre 2001. L'influence sur leurs auteurs de leur « temps religieux » est effarante.

Pourtant, que nous soyons ou non attachés à une croyance religieuse, nous ne pouvons pas ne pas avoir une certaine idée de « l'au-delà », un système de croyances et de prévisions sur ce temps d'après la mort. Notre réponse est de type religieux (il y a un temps après la mort), de type athée (il n'y a rien après la mort) ou de type agnostique (je ne sais pas). Mais quelle qu'elle soit, nous nous en faisons une idée.

> **Exercice n° 11 : Croyances sur l'au-delà (à effectuer si possible avec un ami)**
>
> Considérez votre représentation du temps d'après la mort, votre système de prévisions et de croyances sur ce temps. Puis posez-vous la question : « Quelle est la façon dont ce système influence ma vie présente ? Cette représentation a-t-elle un effet sur le cours actuel de ma vie ? »

L'APPROCHE MYSTIQUE DU TEMPS ET LA « VIE ÉTERNELLE »

Le déclic eut lieu au début de l'an 2000. Je pouvais certes m'estimer satisfait de mes projets de vie et de l'avancée vers mes « étoiles ». Tout n'était pas parfait bien sûr : ma progression de sculpteur prenait plus de temps que j'avais prévu et, même si j'avais accompli l'un des rêves de ma vie en écrivant une épopée sur Charles De Gaulle, le succès éditorial n'avait pas été celui que j'escomptais. Mais dans l'ensemble, je maintenais le cap de mes objectifs d'accomplissement personnel. Pourtant, comme je l'ai indiqué dans l'ouverture, j'avais été peu à peu saisi par une certaine lassitude.

C'est alors que, me proposant un jour à l'église Saint-Merri de Paris pour commenter un passage de la Bible, je me trouvai devant un texte de « rien du tout », un passage qui n'avait apparemment rien à voir avec le temps. Il s'agissait du baptême de Jésus par Jean le Baptiste dans le Jourdain. Jean veut dénouer les sandales du Christ, mais celui-ci refuse en disant simplement « laisse faire ».

Laisse faire...

Bien sûr ! Là était la réponse ! Ce n'était en fait pas à moi à choisir mes étoiles ! Il fallait que je laisse faire. Les questions que je me posais depuis si longtemps devenaient vaines : vers quoi aller ? qui dois-je devenir ? quelle identité construire ? que choisir de développer comme talents ? Tout ceci m'apparut dans sa *vanité*. Mon identité devait maintenant s'effacer devant quelque chose de plus grand que moi, quelque chose que je devais désormais chercher à discerner, puis à quoi je devais m'accorder : « Laisse faire… »

Il m'est donc possible à présent de finir l'histoire du roi Salomon. On raconte donc (je dis « on », mais c'est moi qui invente) que le vieux roi, après avoir prononcé son long discours sur la *vanité* des choses devant un parterre de sages qui l'avaient écouté en se lissant gravement la barbe, laissa s'installer le silence, puis quitta le palais. Il marcha longtemps, sans but, et arriva sur une place où il vit un enfant qui jouait avec un tas de sable. Alors, il défit son manteau et se mit à jouer avec lui.

Ce n'est pas parce que le roi Salomon renoue avec l'enfance qu'il entre dans le « temps mystique », mais parce qu'il accepte d'être disponible à ce que la vie lui propose *à ce moment-là* et qui fait sens pour lui et l'enfant. Salomon accepte d'entrer dans ce que son descendant (le Christ[1]) appellera trente générations plus tard la « vie éternelle » et que les diverses spiritualités approchent chacune à leur manière : l'Islam mystique avec le « Inch Allah » bien compris, les chrétiens avec la « volonté de Dieu » qui n'est pas morbide et les bouddhistes avec le renoncement à l'idée du « soi », à l'identité (pour ne citer que les approches religieuses que je connais). Toutes cernent une approche « mystique » du temps.

Dans cet autre temps, la « vie éternelle » n'est pas ce qui se passera hypothétiquement dans l'au-delà, comme le mot « éternel » pourrait le laisser croire (vie éternelle = vie qui dure une éternité après la mort) et comme toutes les traditions religieuses (opposées en ce sens aux diverses spiritualités) ont eu malheureusement tendance à le présenter pendant des siècles. La vie « éternelle » n'est pas le temps d'après la mort humaine qui durerait une éternité. C'est d'un autre monde qu'il s'agit, et d'un autre temps.

Il n'entre pas dans le cadre de ce livre de décrire quelle est cette « Vie », mais attardons-nous un moment sur l'adjectif « éternel » qui a

1. Que le lecteur me pardonne cette digression théologique mais de ce point de vue, le Christ est fondamentalement « antireligieux », c'est-à-dire qu'il dénonce le marchandage des religions sur le temps de l'au-delà.

rapport avec le temps. Les religions des « ici-bas » et « au-delà », de ce point de vue, nous ont raconté bien des bêtises : passer le temps de l'ici-bas à mériter une hypothétique vie bienheureuse dans l'au-delà est un mauvais et triste combat. Mieux vaut se passionner pour la seule vie qui en vaille la peine : cette fameuse « vie éternelle » qui transcende la vie et la mort biologiques et que nous croisons de temps en temps lorsque nous nous acceptons d'entrer dans un monde d'authenticité, de partage et d'amour.

La « vie éternelle » devient alors « l'étoile » prédominante de notre constellation, et notre temps en est transformé. Nous pouvons apprendre à discerner les opportunités de « vie éternelle » et décider de les transformer en projets que nous accomplissons ensuite selon les bonnes vieilles méthodes humaines, c'est-à-dire en nous retroussant les manches. Ce discernement ressemble à celui que nous décrivions quelques pages plus haut lorsque nous parlions du « che » chinois, mais il est d'un autre type. Ce n'est plus le « che » destiné à « infléchir à son profit et par tous les moyens la tendance émanant du rapport de forces[1] », mais un « che spirituel » qui nous dit : « Regarde ! Écoute ! Je t'indique une occasion de vie éternelle ! Et si, plutôt que de chercher à te réaliser toi, tu en faisais l'un de tes projets ? Et si tu lui donnais la priorité ? »

Ce qui apparaît alors de façon surprenante, c'est que ce temps mystique n'est pas scandé par une échelle chronométrique habituelle : nous disposons de tout le temps qu'il faut pour vivre les occasions de « vie éternelle » et pouvons alors abandonner l'idée de la pression du temps calendaire sur notre existence.

On voit alors des personnes qui, ayant compris cette autre approche du temps, entreprennent des projets qui n'auraient pas de sens dans une démarche « d'accomplissement de soi ». Ils peuvent être petits ou grands. Ils peuvent durer une heure comme dans l'histoire de Salomon ou toute une vie.

Parfois, le choix de la « vie éternelle » se fait dans des circonstances tragiques et la personne accepte de couper le fil de son temps, de perdre sa vie biologique pour une cause qui la dépasse, donnant du même coup un sens à toute sa vie. Ce sont des héros connus ou inconnus, des pompiers morts au feu et des soldats tués pour leur pays,

1. Voir la définition du « che » ci-avant.

des militants exécutés pour leur cause. Les derniers mots du film *Mission* sont très révélateurs de cette réalité. Après avoir laissé se perpétrer le massacre des missions jésuites d'Amérique du Sud, l'évêque sud-américain écrit au pape : « Vos prêtres sont morts et nous sommes vivants. Mais en réalité, ce sont eux qui sont vivants et nous qui sommes morts. »

Mais souvent, le choix de « vie éternelle » n'a pas besoin de telles circonstances extraordinaires. Il se concrétise dans la banalité du quotidien. De ce point de vue, jouer avec un enfant n'est pas plus ou moins important que bâtir un palais ou mourir pour une cause humanitaire, tout est en fait question de bon moment ou non.

Je crois que cette autre façon d'inscrire sa vie dans le temps est l'option royale offerte à nos contemporains qui veulent se libérer de la pression dont nous parlions dans l'ouverture de ce livre et qui les pousse à faire « tout ce qu'ils peuvent faire » et être « tout ce qu'ils peuvent être ».

Si nous entrons dans cet autre temps, nous pouvons accepter plus sereinement la finitude de notre condition humaine. Le caractère limité du temps qui nous est octroyé entre notre naissance et notre mort perd son caractère tragique car nous *accordons* alors notre temps quotidien à une horloge de « vie éternelle » indifférente à la mort biologique.

De temps en temps

Suggestions

- Repérer si l'on est plutôt de tempérament occidental ou de tendance orientale.
- Enrichir sa vision culturelle du temps.
- Prendre conscience de la façon dont notre idée de la mort influence notre vie actuelle.
- Discerner le « che » spirituel, puis s'y accorder.

Deuxième partie

S'ORGANISER

6

QUE FAIRE D'ABORD ?

SYNTHÈSE

Être capable d'établir des priorités entre différentes occupations, c'est savoir choisir ce que l'on va faire en premier et donc accepter de renoncer éventuellement à ce qui sera mis en second. Trois principes complémentaires peuvent être adoptés, ainsi qu'une attitude : minimiser les risques, avancer vers les « étoiles » et utiliser au mieux les opportunités du « che ». L'attitude consiste à donner la priorité aux projets qui s'inscrivent dans le *temps mystique*.

Sur le plan de la méthode, mieux vaut distinguer soigneusement les priorités du jour de celles à plus long terme.

Lorsqu'intervient un conflit de priorités, une option est de nommer un médiateur interne entre les deux parties de nous-même qui s'opposent : notre « il faut » et notre « j'ai envie ».

LES PRIORITÉS

« Priorité : qualité de ce qui passe en premier », selon la définition du *Petit Robert*. C'est en fait une notion ambiguë qui recouvre deux significations.

L'une correspond à ce que nous jugeons être *le plus important* à moyen ou long terme, les projets sur lesquels nous voulons mettre l'accent, ce qui mobilise d'abord notre énergie. Par exemple, un demandeur d'emploi dira : « Ma priorité est de trouver un emploi », un amoureux dira : « Ma priorité est de passer du temps avec la femme que j'aime » et un chef d'entreprise dira : « Ma priorité est de pouvoir payer les salaires le mois prochain. » La seconde signification du mot « priorité », plus immédiate et opérationnelle, recouvre le problème d'*ordonnancement* de nos tâches du jour.

Les deux notions sont liées, mais pas complètement. Si l'un de nos projets nous semble prioritaire, il serait logique que nous fassions en premier les tâches qui s'y rapportent, mais ce n'est pas ainsi que se passent les choses dans la vie quotidienne. Tout amoureux qu'il soit, notre homme reculera (peut-être !) le rendez-vous avec sa chérie pour envoyer sa feuille d'impôts s'il risque d'encourir des pénalités de retard. Tout soucieux qu'il soit de trouver un travail, un demandeur d'emploi peut, tel jour de la semaine, décider d'aller à la piscine avant de préparer son prochain rendez-vous.

Aux deux notions précitées correspondent deux questions que se pose concrètement celui ou celle qui veut établir des priorités :

— à moyen ou long terme (semaine à plusieurs années), sur quels projets choisir de mettre mon énergie ?

— à court terme (quelques heures à un jour) dans quel ordre choisir de faire ce que j'ai à faire ?

Mais quelle que soit la question, il faudra choisir et donc renoncer éventuellement à effectuer ce qui est moins prioritaire par rapport à ce qui l'est plus. Cette affirmation semble évidente, mais elle ne tombe pourtant pas sous le sens des personnes qui s'imaginent qu'en sachant établir des priorités elles vont pouvoir enfin *tout* faire.

TROIS PRINCIPES POUR CHOISIR

Établir des priorités, c'est donc choisir et nous ne pouvons pas échapper à ce choix. Chacun de nous choisit en permanence ce qu'il va faire de ses minutes, c'est une loi incontournable de toute vie. Nous ne pouvons pas arrêter les pendules et nous nous trouvons sans arrêts amenés à donner la priorité à ceci plutôt qu'à cela. Même si nous ne faisons rien, nous choisissons encore de ne rien faire et cela est aussi un choix de priorité. Même si nous obéissons à une autorité par crainte de sanctions ou de représailles, c'est encore un choix car nous avons toujours d'autres possibilités. Et même si nous prenons des situations extrêmes, imaginant que nous sommes ligotés à la réalité comme un naufragé sur un radeau, comme une femme qui accouche sur un lit d'hôpital ou comme un prisonnier dans son cachot, nous gardons toujours le choix du regard intérieur sur la situation. Personne ne peut nous ôter cette liberté-là.

Mais quel est le « bon » choix et pourquoi décider de faire ceci avant cela ? J'ai longtemps réfléchi à cette question et j'en suis arrivé à la conclusion que poser la question de cette façon n'a pas de sens. Imaginer qu'il y a un « bon » choix, c'est avoir dans l'esprit qu'il existerait une façon mécanique de se gouverner, comme si nous étions des machines à choisir, et ceci serait nier notre liberté. Il existe à ce sujet une illusion rationaliste tenace qui consiste à croire que si nous avions toutes les informations disponibles et pouvions trouver les critères de choix les plus justes, nous serions dispensés de choisir. Pourtant, si nous ne pouvons pas ne pas choisir, du moins pouvons nous le faire de façon éclairée, en nous donnant des priorités suivant trois principes.

Le premier est la *prévention des risques* qui place en priorité numéro un ce qui nous permet d'éviter un danger. À ce premier principe correspond une multitude de tâches réputées ennuyeuses ou pénibles, telles que faire les courses, établir la feuille d'impôts, faire le ménage, etc.

Si nous ne faisons pas ces tâches, nous risquons de nous trouver en difficulté par la suite. Il *faut* par exemple prendre soin de son corps et de ses affaires sous peine de tomber malade ou de vivre dans un environnement désagréable. Il *faut* se conformer à certains usages pour maintenir en bonne santé nos relations. La vie en société *impose* certaines règles auxquelles il faut se conformer sous peine d'en être pénalisé, voire exclu. Les tâches correspondant à la prévention des risques peuvent être urgentes ou non, mais il est probable que si nous les négligeons, des ennuis nous tomberont dessus tôt ou tard.

Les tâches de prévention des risques peuvent sembler ennuyeuses, mesquines, et parfois elles le sont. C'est une sorte de tribut à payer à la vie pour que celle-ci soit agréable et celle-ci n'est de ce point de vue ni spécialement malveillante ni spécialement bienveillante. Elle a ses lois et demande qu'on les respecte, moyennant quoi elle est plutôt bonne fille et rend tôt ou tard le soin que l'on a pris d'elle. Prêter attention aux petites choses est l'un des signes de la maturité et l'on finit par y prendre du plaisir, témoin cette vieille dame délicieuse à qui l'on proposait de faire sa vaisselle à la fin d'un repas et qui répondait : « Voulez-vous donc me priver de mes petits plaisirs ? En faisant la vaisselle quand vous serez partis, je me remémorerai votre visite et je la savourerai encore. » Belle queue du poisson !

Pour ces travaux nécessaires, il est « prioritaire » de se bâtir des méthodes appropriées, même s'il s'agit d'un investissement qui n'est jamais urgent. C'est tout l'aspect préventif de la vie au quotidien qui est remboursé au centuple lorsque surviennent les imprévus. Avant d'écrire la première édition (septembre 1996), j'avais par exemple passé trente minutes à mettre à jour mon répertoire téléphonique en vue de la numérotation à dix chiffres. Ce n'était pas très excitant, j'en conviens, mais si je ne l'avais pas fait alors que j'avais le temps, je risquais de perdre du temps deux mois plus tard, lorsque j'aurais vraiment eu besoin de ces numéros et, comme par hasard, avec un travail fou. Tout en écrivant cette seconde édition, je viens de « perdre » deux heures à trouver le lien informatique entre mon répertoire Excel et le carnet d'adresses de mon organiseur Palm Pilot, ce qui me fera gagner un temps certain lors de l'envoi d'un prochain mailing.

Ces méthodes au quotidien sont les « trucs » que chacun s'invente. Untel achète en gros tous les six mois ses timbres et ses cartes téléphoniques pour éviter d'aller dix fois au bureau de tabac. Un autre a organisé la tenue de son agenda par couleurs. Un troisième a mis son budget personnel sur ordinateur afin de planifier ses dépenses. L'imagination est ici reine et grâce à elle, on peut se surprendre à effectuer des tâches rébarbatives avec plaisir.

Le deuxième principe pour décider de ce qui est prioritaire concerne l'*accomplissement des projets*. Selon ce principe, nous mettrons en priorité les tâches ou occupations liées à l'avancée des objectifs et la progression vers les étoiles au détriment des autres occupations qui n'y sont pas liées. Pour reprendre une image maritime déjà citée, nous sommes un navire qui a décidé d'aller à un port et ce ne sont ni les sirènes, ni les alizés soufflant dans d'autres directions qui doivent nous faire dévier de façon significative de notre route. Certes, nous ferons un détour pour accoster dans une île afin de nous ravitailler et de réparer le navire (premier principe de prévention des risques). Mais dès que cela sera possible, nous reprendrons notre route vers notre destination (l'objectif), elle-même choisie en direction de nos « étoiles ». Le principe de priorité donné à l'accomplissement des projets est particulièrement recommandé aux personnes tentées par les diablotins de l'échec en cours de route car elles ont naturellement tendance à prêter trop d'attention aux aléas.

Le troisième principe pour décider de ce qui est prioritaire est l'*utilisation maximale du « che »*. Une bonne image en est donnée par la période des soldes durant laquelle, même si nous sommes pressés par ailleurs et même si nous n'avons pas prévu initialement de faire certains achats, nous acceptons de passer quelques minutes à faire une emplette parce que « c'est le moment ou jamais ! » En marge de nos objectifs se présentent ainsi des opportunités qui nous font beaucoup avancer sans nous faire perdre beaucoup de temps.

Chaque fois que nous hésitons pour déterminer si quelque chose est prioritaire, nous pouvons ainsi nous poser trois questions :

- Si je ne *le* fais pas, qu'est-ce que je risque ?
- Si je *le* fais, qu'est-ce que je gagne ?
- Est-ce une opportunité de *le* faire maintenant ?

Faut-il alors attribuer un ordre de priorité à chacune de nos tâches ou occupations en les numérotant de la première à la dernière ? Je considère pour ma part que s'il est absolument nécessaire d'ordonnancer rigoureusement ce qu'il y a à faire au quotidien en cas de surcharge, c'est une erreur le reste du temps. Nous avançons presque toujours par paquets de projets, faisant passer l'un avant l'autre en fonction du « che ». C'est la raison pour laquelle, au chapitre suivant consacré à la planification, je ne recommande pas d'attribuer un ordre de priorité aux objectifs annuels et mensuels.

Reste, à côté de ces trois principes, une attitude de fond qui consiste à accorder la priorité aux projets qui relèvent du *temps mystique*. Saint Vincent de Paul était un champion du genre. Ce remarquable organisateur n'hésitait pas en effet à abandonner ses travaux, si importants fussent-ils, pour le bien des malheureux, pour s'occuper personnellement d'un « pauvre ». C'était stupide sur le plan de l'efficacité et très cohérent sur le plan du temps mystique.

Exercice n° 12 : Établir les priorités du mois en cours

Reprenez les objectifs mensuels de l'exercice n° 6 ou établissez-en à nouveau une liste pour le mois en cours.
Posez-vous les trois questions ci-dessus :
- Si je ne *le* fais pas, qu'est-ce que je risque ?
- Si je *le* fais, qu'est-ce que je gagne ?
- Est-ce une opportunité de *le* faire maintenant ?

Quels sont alors les deux ou trois objectifs que vous déclarez prioritaires pour le mois à venir ?

LES PRIORITÉS AU QUOTIDIEN

Si nous abordons maintenant l'aspect spécifique de l'ordonnancement des tâches au quotidien, nous avons d'abord à nous méfier de certaines méthodes intellectuellement satisfaisantes, mais pratiquement inapplicables. La majeure partie des livres sur la gestion du temps indique ainsi que pour définir un ordre de priorité, il faut considérer les critères d'importance et d'urgence. L'important, c'est ce qui relie aux objectifs. L'urgent, c'est ce qui ne pourra pas être fait plus tard ou qui le sera alors de façon moins efficace. Ils disent qu'il faut commencer à faire « l'important et l'urgent », puis « l'important et le non-urgent », le « non-important et l'urgent » et enfin le « non-important et non-urgent ». Théoriquement, ils ont raison, c'est indéniable.

Pourtant, ils ont tort, vraiment tort. Car leur méthode ne permet pas d'établir facilement un ordre concret de priorité. Je n'ai jamais vu quelqu'un prendre une liste d'objectifs, tracer deux colonnes, l'une pour l'importance et l'autre pour l'urgence, attribuer une note d'urgence et une autre d'importance pour chaque objectif et établir enfin de façon mathématique un ordre de priorité en pondérant l'un et l'autre. Logiquement, si l'on suivait les méthodes classiques, c'est pourtant ainsi que l'on devrait procéder mais j'ai dû dire adieu à mes rêves de polytechnicien à ce sujet.

Serait-ce alors si difficile d'ordonnancer ce que l'on veut faire en attribuant à telle action le numéro 1, à telle autre le numéro 2, etc. ? L'expérience montre que non. La plupart des personnes n'ont généralement pas de difficulté, à partir du moment où elles ont établi une liste de tâches, à leur attribuer un ordre de priorité à une seule condition : *que la période correspondante n'excède pas quelques heures.*

Exercice n° 13 : Établir les priorités de la journée (2 minutes)

1) Prenez les tâches de « temps à soi » (voir p. 31) que vous voulez faire demain et établissez-en la liste complète.
2) Posez-vous la question : « Si je ne pouvais faire qu'une seule chose demain soir du fait d'imprévus, ce serait… » et mettez la priorité n° 1.
3) Une fois ceci fait, poursuivez avec la question : « Si je ne pouvais faire qu'une seule deuxième chose, ce serait… »
Etc., jusqu'à ce que l'ensemble de vos items porte un numéro.

CONFLITS DE PRIORITÉ : « IL FAUT/J'AI ENVIE »

Nous avons vu qu'il existait trois principes essentiels pour attribuer des priorités, mais parfois ils entrent en conflit. Pour reprendre notre exemple du début de chapitre, que fera notre amoureux si sa chérie menace de rompre la relation en cas de priorité donnée au remplissage de l'urgente feuille d'impôts ? Ainsi, dans certaines situations, nous sentons-nous coincés entre deux priorités qui s'opposent et sont de même force. Nous voudrions à la fois faire ceci et cela et ce qui nous entraîne d'un côté et de l'autre s'oppose avec la même intensité. C'est l'impasse[1]*.

Dans la majorité des cas, les deux soucis contradictoires qui coexistent sont d'une part celui de répondre à une obligation traduit par un « Il faut » et d'autre part celui de satisfaire une envie personnelle traduite par un « J'ai envie » (fig. 6.1). Une partie de nous-même estime qu'il *faut* faire A et une autre a *envie* de B[2]. Par exemple, quelqu'un qui commence son samedi en ayant à la fois l'envie de se prélasser (vie agréable) et en ayant à l'esprit qu'il faut faire les courses (survie), rencontre une telle impasse S'il décide d'attribuer la priorité à son envie de repos, c'est son « J'ai envie » qui l'emporte. S'il part au supermarché, c'est son « Il faut ».

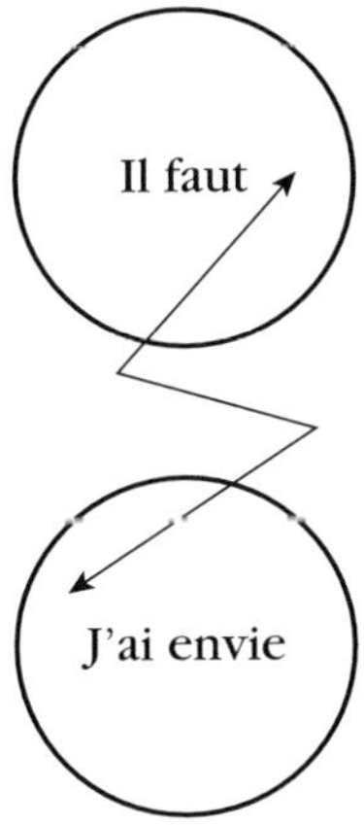

Figure 6.1 — Impasse entre le « Il faut » et le « j'ai envie »

1. Ce terme a été repris par le vocabulaire de l'AT (impasse du premier degré, les deux autres degrés étant utilisés à des fins cliniques).
2. En termes d'analyse transactionnelle, c'est un conflit entre le Parent (il faut) et l'Enfant (j'ai envie).

Pour sortir d'une telle impasse, nous avons heureusement une troisième partie en nous qui peut se poser en médiatrice des deux autres. Cette partie se comporte comme un ordinateur doté d'une solide intelligence[1], mais sans principes moraux ni désirs. Cet ordinateur est capable d'observer à la fois notre réalité intérieure (notre « Il faut » et notre « J'ai envie ») et la réalité extérieure. Il est en mesure, par l'ensemble de l'expérience qu'il a acquise, de nous informer des conséquences de nos choix et est le *médiateur* indispensable à l'exercice de notre liberté (fig. 6.2). Ce médiateur se forme à partir de sept ans, par l'éducation, puis se renforce à l'âge adulte au travers des expériences de toutes sortes. Dans l'enfance, il est faiblement constitué et ceux des lecteurs qui vivent avec des enfants savent combien il est difficile à ces derniers d'établir des priorités. Ils vivent dans l'instant[2] et ne comprennent pas par exemple que s'ils ne s'avancent pas pour faire leurs devoirs aujourd'hui, ils auront des difficultés le lendemain, etc. Les enfants se laissent souvent guider par leur principe de plaisir, le « J'ai envie ». En outre, leur médiateur interne ne s'est pas assez frotté à l'épreuve de la réalité. Les parents compensent provisoirement ces difficultés pendant l'enfance et c'est normal, leur rôle est justement d'apprendre à ces futurs adultes ce qu'est l'épreuve de la réalité.

Le médiateur évalue, analyse et pose des questions, du genre :

- Si je le fais maintenant, cela m'évitera de...
- J'ai assez de temps (ou je n'ai pas assez de temps) pour faire ceci...
- L'essentiel de la tâche peut être fait en tel temps...
- Je peux décomposer mon travail en telles étapes...
- Il vaut mieux le faire à tel moment, sinon...
- Puis-je en profiter pour... ?
- Combien de temps cela va-t-il durer ?

Il n'est pas nécessaire d'être un génie pour se poser ces questions et y répondre de façon intelligente. Tout le monde peut réfléchir correcte-

1. L'Adulte, en analyse transactionnelle. Ces définitions du Parent, Adulte et Enfant sont très simplistes et j'invite le lecteur désireux d'en savoir plus à se reporter à mon ouvrage *Le Pouvoir de négocier* ou à d'autres ouvrages cités en bibliographie.
2. Voir à ce sujet le développement de l'intelligence du temps au chapitre 2.

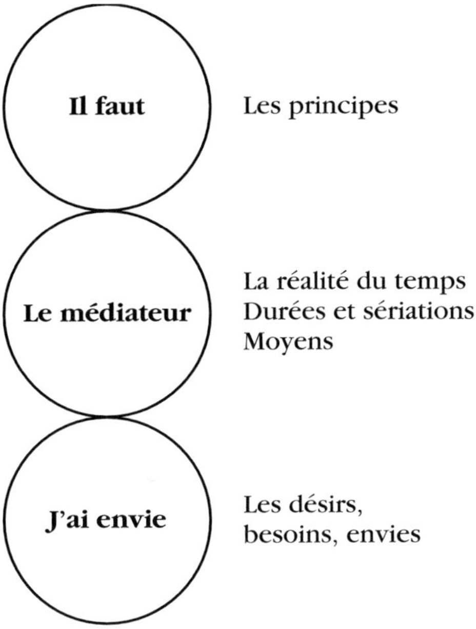

Figure 6.2 — Le médiateur

ment, même si certains y passent plus de temps que d'autres. Ce qui empêche les personnes de disposer d'un bon médiateur, ce sont les diablotins. Ils l'affaiblissent, ou même le mettent hors circuit. Leurs voix empêchent la personne de voir la réalité interne, celle du « J'ai envie » ou celle du « Il faut » et surtout la réalité externe : durées, possibilités de faire les choses les unes après les autres (sériation), etc.

C'est notre médiateur interne qui évalue les chances de réalisation des différentes options et nous permet de décider en connaissance de cause. Lorsqu'il ne joue pas son rôle d'analyse et de médiation, c'est une autre partie qui l'emporte, soit le « Il faut », soit le « j'ai envie », soit encore la réalité extérieure qui a été méconnue. Ce qui a été méconnu est furieux et se venge.

Si nous négligeons systématiquement notre « Il faut », il se venge en nous culpabilisant ou en nous faisant payer les conséquences sociales de notre comportement. Ne pas payer ses impôts à temps, c'est encourir les 10 %. Ne pas emporter sa voiture au garage pour la révision, c'est s'exposer à un coulage de bielle, etc.

Si nous négligeons systématiquement notre « J'ai envie », il se venge d'une façon différente. Il se comporte comme un enfant auquel on interdit d'exprimer ce qu'il ressent, de jouer ou de se reposer. Il devient grognon, boudeur, se referme sur lui-même. À l'âge adulte, on n'est plus grognon, mais on somatise ou l'on perd le plaisir de vivre. On devient un esclave du diablotin Ne t'arrête pas !.

Bien des personnes croient que le propre de la vie adulte est de savoir renoncer au « J'ai envie » pour obéir au « Il faut ». Elles estiment qu'à l'âge adulte, nous devons avoir appris à nous contrôler et agir en fonction de principes et non d'envies. Pourtant la réalité le montre de façon éclatante : c'est à notre « J'ai envie » qu'il faut apporter le plus de soin car c'est en lui que réside la plus grande énergie. C'est le rôle de notre médiateur de satisfaire le « J'ai envie » même s'il faut provisoirement donner sa pitance au « Il faut ». Le médiateur doit donner la promesse solennelle au « J'ai envie » qu'il le comblera d'une façon ou d'une autre. Le médiateur est une partie puissante de nous-mêmes, il connaît la réalité, a de l'expérience et peut assurer notre « J'ai envie » que la promesse sera tenue.

UN EXEMPLE

Il est 15 heures Xavier, décorateur d'intérieur exerçant en libéral, est un gestionnaire du temps déjà aguerri. Il a établi le matin sa liste d'objectifs, connaît ses étoiles. Son problème est d'établir ses priorités pour le restant de sa journée car, à trois heures moins cinq, il a reçu la demande téléphonique d'effectuer de façon impromptue une présentation professionnelle le lendemain matin. Bref, son emploi du temps est bousculé. Que faire ?

Xavier avait prévu comme tâches essentielles jusqu'au soir un entretien avec un client à 15 h 30, trois appels téléphoniques, une soirée chez des amis. Il voulait aussi aller chercher ses lunettes chez l'opticien et se reposer une demi-heure. Il souhaitait enfin consacrer une bonne heure à dépouiller d'ici demain matin son courrier en répondant aux messages les plus urgents et finir un devis (une heure). Il pensait avoir le temps de tout faire, mais diable, un imprévu ! Voici sa liste de départ :

- Entretien avec le client.
- Appels téléphoniques à A, B, C.
- Lunettes.
- Courrier.
- Me reposer une demi-heure.
- Devis à finir.

Il y ajoute :

- Préparation de la présentation demain

Xavier, qui pensait pouvoir tout faire, se trouve amené à définir des priorités ? Comment les établir ?

Du point de vue de la marche vers les étoiles, c'est la préparation du lendemain qui a la priorité parce que, de toutes les possibilités de passer son temps, c'est celle qui correspond le mieux à l'accomplissement personnel de Xavier. Mais ce n'est pourtant pas ce qu'il met en premier parce que son médiateur interne évalue qu'il faut environ une heure pour cette préparation et que recevoir un client à l'heure convenue est un impératif de son « Il faut ». Xavier met en priorité 2 l'opticien pourtant prévu le lendemain matin parce que le médiateur lui signale que ce dernier se trouve entre son domicile et son bureau, qu'y aller ne prendra aujourd'hui que dix minutes au lieu d'une heure demain (utilisation du « che »). Xavier reporte au lendemain les coups de fil prévus et le devis. Il donne la priorité 3 à la préparation de la présentation professionnelle. Il prévoit de prendre soin de son « j'ai envie » en s'accordant sa demi-heure de repos (priorité 4), puis de faire les courriers urgents (priorité 5) avant d'aller chez ses amis. La liste munie de son ordre de priorité devient :

1 — • Entretien avec le client : une heure.
2 — • Lunettes : 10 minutes.
3 — • Présentation professionnelle : une heure.
4 — • Me reposer : une demi-heure.
5 — • Courrier : une heure.

Cet ordre est-il le meilleur ? Pas obligatoirement. Si Xavier met en 2 la préparation du lendemain et non en 3, cela n'a pas une importance capitale car les numéros d'ordre sont voisins. Xavier aurait pu choisir un ordre de priorité voisin sans déroger aux principes énoncés ci dessus. Par contre, *il serait dangereux qu'il en déduise qu'il peut se passer de fixer des numéros de priorité*. Ne pas se définir *a priori* un ordre, c'est risquer d'oublier une action (cette question sera revue dans le chapitre prochain sur la planification). Concrètement, Xavier prend donc deux précautions :

• Réfléchir avant de se précipiter sur le travail, surtout s'il est urgent.
• Donner des numéros à toutes les tâches du jour.

Que faire d'abord ?

Suggestions

• Définir des projets prioritaires à moyen terme (un mois) en examinant :
 — la prévention des risques (si je ne *le* fais pas, qu'est-ce que je risque ?) ;
 — l'avancée vers les étoiles (si je *le* fais, qu'est-ce que je gagne ?) ;
 — l'utilisation maximale du che (est-ce une opportunité de *le* faire maintenant ?).
• Avoir recours à un médiateur interne en cas de conflit « Il faut, J'ai envie ».

7

TENIR SON AGENDA (OU SON ORGANISEUR)

SYNTHÈSE

Tenir son agenda ne doit être ni difficile, ni compliqué sinon on abandonne. Il y a trois principes à respecter :

— tenir à jour les temps « obligés » (voir page 31) ;

— établir des listes d'objectifs sur des fiches mobiles pour chaque période à venir : année, mois (éventuellement semaine), jour ;

— dès que l'on sent poindre au quotidien une difficulté à faire « tout » ce qu'on voudrait faire, planifier ses tâches du jour en indiquant les durées estimées, l'ordre de priorité et en vérifiant si la quantité de temps nécessaire est disponible.

Les organiseurs électroniques sont plus efficaces que les agendas pour certaines fonctions telles que la mise à jour des temps « obligés » ou la mémoire et le partage de données. Ils sont de peu de secours pour le suivi des objectifs et n'apportent actuellement pas d'aide efficace pour la détermination des priorités.

PLANIFIER, MAIS C'EST TRÈS SIMPLE !

Ce chapitre constitue ma honte d'auteur car les méthodes que j'y propose sont si simples qu'elles sembleront sans doute évidentes au lecteur. Il pourra les comparer à d'autres méthodes de planification sophistiquées et se faire juge. Quant à moi, je me ferai mon propre avocat par rapport à celles-ci, car je leur trouve le grave défaut d'être trop parfaites. Souvent proposées par les vendeurs d'agendas ou d'organiseurs électroniques, elles séduisent les candidats à une meilleure gestion du temps qui s'imaginent qu'avec de tels supports matériels structurés à l'envi, ils trouveront la solution miracle à leurs ennuis. L'achat fait, la personne rentre chez elle et remplit consciencieusement l'agenda pendant quelques jours (ou étudie les miraculeuses possibilités de l'organiseur) puis elle abandonne ou se contente des fonctions classiques de calendrier et de répertoire. Seuls restent en lice les Ne t'arrête pas ! qui continuent contre vents et marées à utiliser des agendas bourrés et sophistiqués, une tonne sous le bras (ou le stylet du Palm pilot en permanence au bout des doigts !). Pendant ce temps, la grande masse des personnes souffre de ne pouvoir appliquer durablement une méthode simple et efficace.

J'utilise la méthode que je vous propose dans les pages qui suivent depuis plus de vingt ans et, avec quelques aménagements dus à l'évolution des techniques informatiques, j'en suis toujours aussi satisfait. J'ai accordé pendant des années beaucoup d'attention à la détermination de mes objectifs car je savais d'expérience que la tenue d'un agenda n'est que la cerise sur le gâteau de la gestion du temps, celui-ci étant fait essentiellement d'une bonne définition des objectifs et des priorités. Je continue, mais en jetant de plus en plus de coups d'œil quotidiens à l'horloge du *temps mystique* dont j'ai parlé au chapitre 5, ce qui a modifié de façon radicale mon regard sur le temps de ma vie et mes projets à court ou long terme.

J'applique cette méthode de planification quotidienne comme je me brosse les dents, à la façon d'une *hygiène du temps*, chaque fois que je me sens envahi par la multitude et la complexité des tâches que j'ai à réaliser. Parfois, lorsqu'un projet s'étale sur une longue période et requiert la mise en œuvre de tâches multiples s'enchaînant les unes les autres, je fais en plus une planification spéciale en utilisant un planning de Gantt[1]*, mais cela devient très rare, une fois par an tout au plus.

Je considère trois durées pour la planification : à long terme (sur un an ou au moins plusieurs mois), à moyen terme (une semaine à un mois), et au quotidien. Mais avant de considérer la planification proprement dite, traitons l'inévitable question du support matériel de gestion du temps : l'agenda « papier[2] ».

FORME D'UN AGENDA

Un agenda est-il vraiment utile ? J'envie ceux qui ont une mémoire d'éléphant, mais pour préparer des projets, suivre des échéances et effectuer une gestion stratégique d'objectifs à long terme, un support papier est utile. Il permet d'embrasser d'un seul coup d'œil de longues périodes et, en tournant quelques pages, de traiter le quotidien. Son utilisation nous désencombre l'esprit et nous permet de nous consacrer aux préoccupations du moment, à la gestion tactique à court terme.

C'est à chacun d'inventer l'agenda qui lui convient et je connais des personnes ayant des agendas différents du mien et qui en sont très satisfaites. Trois principes me paraissent cependant devoir être retenus :

- L'agenda a deux fonctions : organiser les temps « obligés » et permettre le suivi des objectifs.
- Un agenda doit être *agréable* et facile à transporter.
- La façon de remplir un agenda doit être la plus *simple* possible.

Quel type d'agenda acheter ? Les magasins offrent de nombreux modèles où chacun trouve plus ou moins son bonheur. De plus, pour

1. Établir un planning de Gantt consiste à faire un tableau listant diverses tâches à effectuer et, en regard, une barre commençant à la date de début et finissant à la date de fin. Exemple :

	Février	Mars	Avril	Mai	Juin
Tâche A	████	████			
Tâche B		████			
Tâche C			████	████	████
Tâche D				████	████

2. L'utilité et les limites des organiseurs électroniques seront abordés à la fin du chapitre.

chacun des fabricants, il existe une multitude de modèles différents, reliés ou rechargeables, allant du format de poche au format géant, dans des dizaines de finitions possibles. Chacun propose ses recharges et ses fiches spécifiques : plan de journée, plan hebdomadaire, plan mensuel, *check-lists*, supports de prise de note, conducteur de réunion, gestionnaire de projet, diagrammes divers, feuilles millimétrées, etc.

Aucune forme d'agenda papier n'est parfaite. La principale difficulté est de trouver un support présentant les avantages d'un agenda de bureau (avec de grandes feuilles) et les formats et légèreté d'un agenda de poche. Pour ma part, j'utilise un carnet à anneaux et onglets (fig. 7.1), d'environ dix centimètres sur quinze qui offre la possibilité de déplacer facilement des fiches, une solidité correcte et un poids raisonnable (il existe de très jolis modèles de format réduit tenant dans les sacs à main des dames).

Cet agenda est décomposé en parties séparées par des onglets plastiques :

Figure 7.1 —L'agenda et ses onglets

— *premier onglet* : un planning annuel type « accordéon » (fig. 7.2). Celui-ci peut faire partie de l'agenda ou être remplacé par une impression papier provenant d'un logiciel informatique de gestion du temps[1] ;

1. Un organiseur électronique remplace avantageusement cette première fonction de calendrier, ainsi que la seconde et la sixième (répertoire téléphonique).

— *second onglet* : un planning hebdomadaire (éphéméride) s'étalant sur deux feuillets adjacents, avec les heures pour chaque jour (fig. 7.3) ;

— *troisième onglet* : les objectifs à long terme (sur la figure 7.4, j'ai fait figurer quelques objectifs de mon année 1996[1]) ;

— *quatrième onglet* : différents mémos. Compte tenu de mon métier, j'ai sur moi en permanence une *check-list* de conduite de réunions, une d'affaires à prendre en déplacement, une de liste des contes que je peux raconter à l'improviste (outre mon métier de consultant, je suis parfois conteur), etc.

À chacun de mettre ce qu'il estime nécessaire.

Je recommande toutefois aux personnes vivant en entreprise de mettre dans leur agenda la liste des dix ou vingt chiffres essentiels de leur activité professionnelle, ceux que l'entreprise ne pardonnerait pas de ne pas donner de façon exacte à trois heures du matin en cas d'urgence ;

— *cinquième onglet* : un stock de fiches vierges dans lesquelles je puise pour établir mes listes d'objectifs et planifier selon la méthode qui sera décrite plus loin ;

— *sixième onglet* : un répertoire téléphonique ;

— autres...

Janvier	Février	Mars	Avril	Mai	Juin
1	1	1	1	1	1
2	2	2	2	2	2
3	3	3	3	3	3
4	4	4	4	4	4

Figure 7.2 — Le calendrier annuel

1. Par sympathie envers lui-même, l'auteur a repris les objectifs annuels 1996 de la première édition. Tous furent atteints, sauf l'objectif sportif.

Lundi 16	Mardi 17	Mercredi 18
8	8	8
9	9	9
10	10	10
11	11	11
12	12	12
13	13	13
14	14	14
15	15	15
16	16	16
17	17	17
18	18	18
19	19	19
20	20	20

Figure 7.3 — L'éphéméride

Objectifs 1996

- Livre G. temps publié
- 20 figurines argile
- 2 bronzes mini
- "Cent ans" réussis
- 1 semaine à l'étranger
- charte déontologique
- Fin équip^t cuisine
- chiffre aff. prof. stable
- 3h/sem. exercice physique
- Ebauche livre contes
- Ebauche "mai-juin 1940"

Figure 7.4 — Objectifs annuels 1996 de l'auteur

Certaines personnes soucieuses de tirer parti des possibilités de l'électronique moderne utilisent un « organiseur ». Nous traiterons des avantages et inconvénients de ces petits bijoux à la fin du chapitre.

PLANIFICATION DE L'ANNÉE

La planification de l'année comporte deux types de tâches :

— la première est d'établir une liste d'objectifs annuels (ou à très long terme), comme cela a été fait pour le mois, soit sur l'année calendaire, soit sur l'année scolaire. L'année rythme l'ensemble du temps social et du temps biologique, elle est la période à long terme qui est la plus commode et la plupart des grands projets peuvent s'y inscrire. Pour établir cette liste, la question à laquelle répondre est :
« Qu'est-ce que je veux avoir accompli à la fin de cette année (ou à la fin de la période a long terme) ? »
— la seconde est de marquer sur le planning annuel de type accordéon les événements obligés, *à l'échelle d'au moins une journée* : vacances, réunions ou séminaires, stages de formation, examens pour les étudiants, etc. (fig. 7.5).

Et c'est tout pour l'année. Passons à la pratique : je vous invite à **vérifier** la **planification actuelle de votre année** en fonction des deux principes ci-dessus : liste d'objectifs et journées obligées. Ce sera votre **exercice n° 14**.

Comme on le voit, la partie purement matérielle de la planification annuelle est très réduite. L'important est de l'avoir toujours sur soi et non pas de la garder dans un tiroir. À moins d'être très organisé et de prévoir un examen de cette feuille à échéances régulières, il y a fort à parier qu'elle restera enfermée dans le tiroir pour n'être ressortie que l'année suivante, voire jamais. Or c'est un coup d'œil régulier sur cette liste qui permet non seulement de savoir où l'on en est par rapport à l'avancée de ses objectifs, mais d'extraire parmi eux ce qui pourra être fait dans une période de temps plus courte et donc donner lieu à une rubrique dans la fiche mensuelle. Je commence à réfléchir à la liste annuelle de l'année suivante dès la fin de l'été, en « tête de poisson », puis la complète tranquillement au fur et à mesure durant les derniers

	Janvier		Février
Lu 1		Je 1	Sém. projets DP
Ma 2		Ve 2	Sém. projets DP
Me 3		Sa 3	
Je 4	Rosette/Robert	Di 4	
Ve 5		Lu 5	Formation de coachs
Sa 6		Ma 6	Formation de coachs
Di 7		Me 7	Formation de coachs
Lu 8	X / Com pilotage W	Je 8	Sém. projets DP
Ma 9	/Intervent. coaching A.	Ve 9	Sém. projets DP
Me 10	Coaching D.	Sa 10	
Je 11	Intervent. DR Lyon	Di 11	
Ve 12	Intervent. DR Lyon	Lu 12	
Sa 13		Ma 13	W. et intervent. crise à S.
Di 14		Me 14	Journée dense mangt

Figure 7.5 — Le calendrier annuel et son programme

mois en affinant mes projets. En cours d'année, je revois cette liste à des moments tranquilles, lorsque j'ai un creux de temps en attendant un train ou au cours d'un voyage. Je sais que si je laisse « filer » la liste d'objectifs annuels pendant plusieurs semaines, il y a fort à parier que ce que j'avais l'intention de faire sera abandonné au profit d'urgences plus immédiates. Adieu mes étoiles !

PLANIFICATION DU MOIS OU DE LA SEMAINE

La planification du mois (ou de la semaine, le principe est le même) procède du même esprit que pour les tâches annuelles. La question à se poser devient :

« Qu'est-ce que je veux avoir réussi à la fin du mois ? »

• Le premier travail pour la planification du mois ou de la semaine est d'établir la liste des objectifs mensuels (ou respectivement, hebdomadaires, fig. 7.6).

• Le second diffère légèrement de ce qui se fait pour l'année. Il s'agit de noter sur l'agenda non seulement les journées et heures du mois qui sont *obligées* (réunions, rendez-vous), mais aussi le gros « à soi », c'est-à-dire les travaux de plusieurs heures que vous prévoyez de faire à tel ou tel moment, selon la jolie expression « rendez-vous avec soi-même ».

Passons à la pratique : je vous invite à **vérifier la planification de votre prochain mois** en fonction de ce qui précède : liste d'objectifs, jours obligés, gros « à soi ». Ce sera votre **exercice n° 15.**

Le fin du fin est d'anticiper la planification des semaines à venir et c'est ici que la disposition par fiches mobiles (anneaux par exemple) s'avère intéressante. Imaginons par exemple que nous soyons début octobre. Vous avez une réunion importante en décembre qu'il sera nécessaire de préparer vers le 15 novembre. Faire le travail maintenant est inutile, mais il est astucieux d'ouvrir la fiche d'objectifs hebdomadaires de la semaine du 15 novembre et d'y noter :

• Réunion de décembre à préparer.

SEMAINE DU 10 NOVEMBRE
Réunion de décembre
Prendre RV chefs de projet
Classement personnel
Cinéma avec Hélène
8 h sur logiciel «X»
Etc.

Figure 7.6 — Objectifs hebdomadaires de l'auteur

Dès lors, vous pouvez vaquer tranquillement à d'autres occupations sans crainte de vous trouver pris à la gorge début décembre parce que vous aurez oublié. Vous retrouverez cette feuille tout naturellement à la mi-novembre et vous vous rappellerez à vous-même à ce moment-là en ouvrant votre agenda que vous aviez prévu de faire cette tâche. Cette méthode permet aussi aux managers de noter à l'avance qu'à telle date ils auront à vérifier auprès de leurs collaborateurs si le travail promis est effectivement réalisé.

Pour des raisons déjà évoquées, il est rare que j'établisse un ordre complet de priorités pour les projets mensuels ou hebdomadaires, préférant réserver la rigueur à l'échelon du jour. Il m'arrive d'en souligner quelques-uns particulièrement importants, mais c'est tout. Sinon, on arrive vite à un casse-tête.

La planification de la *semaine* est identique à celle du mois, la question devenant :

« Qu'est-ce que je veux avoir réussi pour la fin de la semaine ? »

Passons à la pratique : je vous invite à **vérifier la planification de votre année, du mois prochain, de la semaine prochaine**. Ce sera votre **exercice n° 16**.

L'important, au niveau de l'établissement des fiches d'objectifs hebdomadaires et mensuelles, est de ne pas oublier les grands projets annuels. Il s'agit d'établir ses poissons de semaine en pêchant dans ses poissons du mois, comme d'établir ceux du mois en pêchant dans ceux de l'année. C'est la façon de transformer les objectifs à long terme en réalisation concrète.

Faut-il établir ces listes à longueur d'année ? En période professionnelle, j'estime que oui si l'on veut avoir quelque regard d'ensemble sur la façon de voir son temps. Au moment des vacances, tout est permis. Personnellement, je me donne d'abord quelques jours de repos complet, de béatitude larvaire, au soleil ou ailleurs. Je me change les idées et au revoir l'agenda ! À la fin des vacances, un peu triste, je reprends la méthode de planification décrite plus haut. Il y a aussi des moments de l'année où le travail est moins abondant, où l'on a le temps, où les choses sont simples et où il y a si peu à planifier que ce n'est pas la peine de se fatiguer. Ce serait du « Ne t'arrête pas ! ! ».

LA PLANIFICATION DU JOUR

Autant la planification de l'année, du mois et de la semaine nécessite la simple constitution de listes d'objectifs, autant, dès que la masse de travail à abattre est importante et variée, une planification serrée au jour le jour s'impose. Elle requiert une grande rigueur. Beaucoup de personnes utilisent à cet effet les rubriques Voir/Téléphoner/Faire/Écrire qui se trouvent en marge de certains agendas et pour des gestions simples du temps, lorsqu'il n'y a pas beaucoup de tâches à accomplir et que les priorités ne se bousculent pas, c'est un système adéquat. Mais dès que les tâches deviennent trop nombreuses, cela devient insuffisant et c'est pourquoi j'en suis arrivé à l'option de planification quotidienne que je vous propose ci-dessous et qui, pour une journée très chargée, prend de cinq à dix minutes.

Établissement de la fiche de journée

La méthode est la suivante. La veille au soir, ou le matin, vous écrivez sur une feuille tout ce que vous voulez faire d'ici le soir. On retrouve d'ailleurs en effectuant ceci la signification originelle du mot *agenda* qui signifie en latin « choses à faire ». Cette liste peut être écrite sur n'importe quoi, un carton, une feuille, un feuillet vierge de l'agenda à anneaux (je préfère ce dernier support). La liste est faite dans le désordre, en gardant de la place sur la droite pour deux colonnes. L'important est de noter l'ensemble des tâches « à soi[1] » de la journée, *tout* ce que l'on veut faire, y compris les tâches de faible importance ou de courte durée. Puis on attribue un ordre de priorité aux travaux selon les principes vus au chapitre précédent : un 1 pour le travail qui entraînerait les conséquences les plus graves si on ne l'avait pas fait le soir, un 2 pour le suivant, etc. Si l'on hésite entre l'attribution de priorités entre deux tâches, mieux vaut ne pas trop réfléchir car, rappelons-le, l'important est d'établir un ordre de priorités et non d'en avoir un parfait. Noter toutes les tâches et leur attribuer un ordre est capital, sinon les priorités de tête risquent de passer à la trappe par rapport aux priorités de queue que l'on peut être tenté de faire en premier lieu parce qu'elles plaisent plus ou que le collègue qui les a demandées a un visage épouvantablement carnassier.

Même pour les journées très chargées, il est rare que la liste comprenne plus d'une vingtaine d'items. On indique alors dans la

1. Pour la distinction entre occupations « obligées » et occupations « à soi », se reporter au chapitre 1. Indiquer en même temps les deux types de tâches est une source de confusion. Cette liste va en effet servir chaque fois que la personne aura du temps disponible dont elle sera maîtresse, donc seulement pour des tâches « à soi » qu'il est possible de planifier. Pour l'obligé, les jeux sont déjà faits.

deuxième colonne la durée estimée de chacune des tâches, selon l'expérience que l'on en a. Pour un bref coup de téléphone, mettre cinq minutes. Pour un bref entretien, dix minutes, etc. La figure 7.7 montre un exemple de liste annotée que j'ai effectuée à 14 heures un lundi de retour de vacances plutôt chargé. À 17 h 30, ma compagne m'invita de façon impromptue à aller au cinéma et j'acceptai sans l'ombre d'une hésitation : le plus gros du travail était effectué (j'en étais à la tâche de priorité 12, compte tenu d'un imprévu de vingt minutes).

Tâches	Priorités	Durée
Arroser les plantes du balcon	2	5
Lettre à E.	4	20
Ranger la chambre	11	20
Chèque à H.	10	5
Lettre aux neveux	9	20
Lettre pour fête de L.	1	15
Rassembler PV des A.G.	13	20
Prép. des A.G.	12	20
Feuille sec soc	14	5
Courriers en retard	5	20
Ranger la cuisine	15	60
Polir le pied de la grenouille	16	60
Photocop livre H.	17	10
Textes Craoque	18	1 h
Envoi devis Ministère	3	20
Téléphone Mol.	6	10
Fax Journal légal	7	20
Congés payés R.	8	15
Total		346

Figure 7.7 — Une liste de tâches avec les durées et les priorités

Une rapide addition (vingt secondes) donne la durée du temps « à soi » qu'il est possible de planifier, 346 minutes dans l'exemple ci-dessus, soit un peu moins de six heures. On rajoute alors la durée du *temps obligé* à partir des informations contenues dans l'agenda et en sus, on ajoute une dose d'imprévu, variable selon les métiers. L'estimation de cette dose est affaire d'expérience ; il n'y pas de règle en la matière. Ce que je sais simplement, c'est que bien des personnes « oublient » en début de journée qu'elles vont devoir passer une certaine quantité de temps en imprévus. Or s'il n'est pas possible par définition de prévoir l'imprévu, il est possible d'avoir une assez bonne idée de la durée moyenne globale des imprévus pour une journée type, ne serait-ce qu'en se testant sur une journée ou deux.

Tout est parfait si ce que vous voulez faire tient dans le temps de travail que vous vous êtes fixé, c'est un beau poisson du jour. Mais en cas de surcharge, il n'y a pas assez de temps et le poisson est trop gros. L'échec de la journée est assuré si l'on n'ajuste pas d'emblée ses prévisions. Prenons un exemple (fig. 7.8) dans lequel la personne ne peut tout assumer (à moins qu'elle ne veuille passer onze heures au bureau, sans compter le déjeuner). Cette personne va devoir renoncer à certaines tâches et il est bon pour elle qu'elle décide de ceci *dès le matin*. Les personnes que je forme ou accompagne en « coaching de temps » et qui découvrent cette évidence en sont navrées. Dans un premier temps, elles rechignent, comme si elles niaient leurs limites personnelles de temps de travail. Parfois, pour conjurer cette limite, elles sous-estiment la durée des imprévus, ou révisent à la baisse la durée de telle ou telle tâche, comme si une fois de plus elles voulaient mettre le contenu de deux verres d'eau dans un seul. Mais il faut s'y résigner, le report ou l'abandon des tâches les moins prioritaires est inévitable. Il s'effectue par élimination des tâches qui ont les numéros de priorité les plus bas, jusqu'à ce que l'on atteigne un total compatible avec la durée que l'on veut passer au travail ce jour-là.

Utilisation de la fiche de journée

Voici maintenant comment procéder au cours de la journée. Muni de votre fiche qui vous accompagne tout le jour, soit sur votre agenda, soit dans votre sac ou dans la poche de votre pantalon vous commencez par la tâche de priorité 1. Dès qu'elle est finie, vous rayez le 1 et passez au 2, etc.

Parfois, il est impossible d'effectuer une tâche de haute priorité. L'exemple type est celui de la personne que l'on a prévu de voir et qui n'est pas dans son bureau, ou l'appel téléphonique qui n'obtient pas de réponse. C'est ici que la liste prend un autre intérêt : on passe dans ce cas

Tâches	Priorités	Durée
Regarder le courrier	4	60
Voir Michel	3	20
Appeler le chantier	1	15
Note au patron	2	30
etc.		
etc.		
Total « à moi »		4 h 30
Total temps obligé (réunions)		3 h 30
Durée vraisemblable des imprévus		3 h 00
Total		11 h 00

Figure 7.8 — Une liste quotidienne révélant la nécessité de renoncer à certaines tâches

à la tâche de priorité suivante, mais dès que celle-ci est effectuée, *on revient à la tâche la plus prioritaire*. Sinon, on risque du fait de l'avalanche des travaux en cours de journée et des imprévus, d'oublier la haute priorité et de ne s'en souvenir que le soir, lorsqu'il sera trop tard.

En cas d'interruption au cours des travaux prévus, moins l'on quitte le cours des choses (tendance des diablotins de « l'échec en cours de route »), mieux cela vaut. Une fois la demande de l'importun traitée avec les méthodes anti-TTU et la grille RPOA (voir chap. 10 et 11), l'idéal est de pouvoir intégrer le nouveau travail dans le traitement normal des autres tâches. Dans le cas des journées très chargées, on fait le point à midi en prenant au besoin cinq minutes pour établir un autre ordre de priorité valable l'après-midi.

Passons à la pratique. Je vous invite à **planifier votre prochaine journée de travail** en utilisant la méthode complète ci-dessus. Ce sera votre **exercice n° 17**.

Ce dont je peux vous assurer, c'est qu'avec cette méthode vous irez à l'essentiel dans le temps que vous vous êtes imparti pour votre journée. Ce qui je l'espère sera nouveau et agréable, ce sera de ne plus avoir à réfléchir en cours de jour à votre ordre de priorité et à cette lancinante et perpétuelle question du : « Maintenant que j'ai fini ce travail, qu'est-ce que je fais ? » Obsédé par cette question, on gâche une énergie considérable à vouloir gérer de multiples fois ses priorités en cours de journée, devenant très vulnérable à ce moment-là aux voix des diablotins.

La gestion du temps personnel au quotidien peut être résumée à partir de trois questions essentielles indiquées ci-dessous :

• Au début de la journée : « Comment réussir ma vie aujourd'hui ? » (Déterminer les objectifs de journée, planification.)
• En cours de journée : « Comment utiliser au mieux le « che » ? » (Tirer parti de l'agencement des choses pour une efficacité maximale.)
• En fin de journée : « Ai-je avancé vers mes étoiles ? » (Sens de la vie et vérification quotidienne de l'holomorphie.)

PROBLÈMES ET OBJECTIONS

Voici les principales questions ou réflexions subsidiaires posées par les personnes qui s'engagent dans une méthode de planification de leurs travaux.

• *Réfléchir à son organisation quand on est pressé, c'est perdre du temps.*

Commentaire : C'est vrai, on « perd » environ dix minutes par jour lorsqu'on applique la méthode précitée. L'expérience montre que ce temps se retrouve démultiplié en efficacité et surtout en sérénité. Le paradoxe, c'est que jamais on ne se sent aussi libre de son temps qu'avec une planification rigoureuse. On découvre en planifiant ses tâches que l'on peut s'accorder du temps pour réfléchir, rêver, aimer, être disponible au temps mystique et s'offrir aussi des moments de délicieux imprévus sans la hantise qu'ils gâchent le futur.

• *J'ai du mal à estimer les durées.*

Commentaire : Cette difficulté est réelle lorsque l'on aborde une tâche inconnue, ou à plus forte raison que l'on prend un nouveau poste. Des options ont été présentées au chapitre 3 (objectifs) en se rappelant qu'il est aussi possible de se fixer pour les tâches de longue haleine un objectif de durée, par exemple « passer une heure aujourd'hui sur tel dossier ». Une fois l'heure écoulée, vous passez à autre chose.

• *Faut-il planifier tous les jours ?*

Commentaire : Si vous vous posez cette question, votre diablotin Ne t'arrête pas ! rôde dans les parages. Je vous invite à être pragmatique et à considérer que vous avez logiquement quatre possibilités pour organiser vos journées :

— vivre sans liste, tout simplement. C'est le cas des vacances ou de certaines journées exceptionnellement tranquilles au travail ;

— établir une liste simple (sans priorités ni durée), ce qui est souvent suffisant pour les journées peu chargées ;

— établir une liste avec seulement les priorités. C'est la méthode que je vous suggère en temps normal, lorsque l'habitude et l'intuition vous disent que vous avez assez de temps pour tout faire ;

— la méthode complète présentée ci-dessus, valable pour les journées très chargées.

• *Pourquoi attacher autant d'importance au calcul des durées ?*

Commentaire : C'est une façon de ne pas se leurrer soi-même, surtout valable pour les personnes qui conjuguent Pendules Folles et Ne t'arrête pas ! qui ont tendance à établir des listes longues comme des jours sans pain et qui se retrouvent régulièrement le soir avec des tâches non faites. C'est une façon que ces personnes ont trouvée de se prouver une fois de plus qu'elles n'ont pas été parfaites. Elles se font des illusions sur ce qu'elles peuvent faire dans leur journée et reportent de jour en jour une énorme quantité de choses à faire. Évidemment, elles n'arrivent jamais au bout et ressentent alors une insatisfaction chronique puisqu'elles ne prévoient jamais de poisson du jour réaliste. Elles vivent avec des poissons mythiques et s'imaginent chaque matin qu'elles vont disposer d'une journée de vingt heures. Il n'y a pourtant qu'un seul moyen de faire face à une avalanche de tâches à court terme, c'est de réduire sa liste jusqu'à ce qu'elle devienne réaliste.

• *Ce qui n'est pas fait le jour même devra de toute façon être fait le lendemain ! À quoi bon ce report purement formel ? De toute façon, on retombera dans la surcharge, à moins d'abandonner certains travaux. Or il faut tout faire.*

Commentaire : Il ne s'agit justement pas de « tout » faire. Celui qui s'imagine que se donner des priorités, c'est parvenir à tout faire est dans l'illusion. Il faut donc choisir, c'est-à-dire renoncer et c'est là que vient en aide le patient travail sur les objectifs et les étoiles. Bien des tâches disparaissent ou se trouvent réduites quand on se souvient de cela et nous le savons bien : lorsque survient un événement qui nous touche au plus profond de notre existence, heureux ou malheureux, nous savons intuitivement sacrifier l'inutile. Par ailleurs, le bon gestionnaire du temps ne reporte pas simplement des tâches d'un jour sur l'autre, il le fait en réfléchissant, en s'organisant à l'avance. Au bout de six mois ou d'un an, lorsque la personne persévère dans l'apprentissage de la gestion du temps, elle trouve ses propres méthodes pour grappiller des minutes, puis des heures.

• *Comment prendre en compte la planification d'une année sur l'autre (exemple : prochain rappel de vaccination) ?*

Commentaire : Les travaux ou tâches qu'il est sage de prévoir d'une année sur l'autre sont très rares, mais le principe d'anticipation par fiches reste ici entièrement valable. Il consiste à ouvrir une fiche pour les années suivantes et, au moment de l'établissement de la liste d'objectifs annuels, à s'y reporter. Pour les anniversaires ou autres événements prévisibles à l'échelon d'un an (type vaccinations), j'inscrivais autrefois le rappel sur une fiche pour l'année suivante. J'utilise désormais mon organiseur.

UTILISATION DE L'AGENDA

La gestion d'un agenda ne doit pas être sophistiquée, sinon, comme nous l'avons dit, l'échec est garanti. Compte tenu de ce qui précède, vous pouvez gérer votre agenda papier[1] de la façon suivante :

• *Sous un premier onglet* (planning annuel type accordéon) : indiquer au fur et à mesure les journées obligées.

• *Sous un deuxième onglet* (planning hebdomadaire, avec les heures pour chaque jour) :

— indiquer sur l'éphéméride l'obligé et le gros « à soi », avec les heures correspondantes ;

— intercaler dans la semaine en cours (feuillet à trous pour les classeurs à anneaux, ou post-it pour les agendas reliés) les fiches d'objectifs hebdomadaires et éventuellement quotidiennes ;

— intercaler pour les semaines et les mois à venir le début des fiches hebdomadaires ou mensuelles correspondantes.

1. Un aménagement de cette méthode pour ceux qui possèdent un organiseur est proposé à la fin du chapitre.

• *Sous un troisième onglet*, remplir la fiche d'objectifs annuels et la regarder à des moments tranquilles. Prévoir déjà une fiche pour l'année suivante.

Toutes les autres astuces que vous pourrez trouver concernant la gestion de votre agenda sont bonnes à prendre. Certains utilisent par exemple avec bonheur différentes couleurs de surligneurs. D'autres hachurent les durées obligées. Une seule précaution majeure est à souligner : ne pas adopter deux agendas, ce qui conduirait tôt ou tard à des « conflits d'agenda », l'inscription de deux tâches au même moment[1]. Ces conflits conduisent à de fortes déconvenues sur le plan professionnel et personnel lorsqu'on manque un rendez-vous ou que l'on se retrouve avec deux obligations au même moment. Je recommande donc d'avoir un agenda « maître » qui serve de référence, et si on le souhaite, un autre de secours. Cette précaution est d'autant plus valable que l'on planifie sur le même agenda les tâches personnelles et professionnelles, ce qui est souvent le cas des professions indépendantes.

L'ORGANISEUR

Les organiseurs électroniques séduisent. Apparus dans les années 1980 avec les fonctions de calendrier, de répertoire et de liste de tâches, ils ont été depuis notablement perfectionnés. J'ai commencé par un gros et lourd appareil Psion, puis je suis passé quelques années plus tard à un Sharp et possède depuis deux ans maintenant un appareil Palm qui m'a attiré par sa fonction « graffiti ». Celle-ci permet d'écrire des caractères sur un écran tactile avec un petit stylet en utilisant un graphisme simple.

Voyons les avantages et les limites de ces petits bijoux d'électronique.

Le premier intérêt est simple : c'est la facilité avec laquelle on peut annuler ou reporter des rendez-vous sans avoir à gommer en permanence ou raturer comme c'est le cas pour l'agenda classique. C'est superflu pour beaucoup de personnes, mais éminemment intéressant pour ceux qui doivent assurer au quotidien la gestion de multiples rendez-vous. Dans le même esprit, un organiseur électronique permet

1. Les synchronisations entre un organiseur portable et un ordinateur assurent automatiquement cette fonction.

de modifier aisément les « coordonnées » d'une personne dans le répertoire. Là aussi, c'est superflu pour les nombreuses personnes qui n'ont que quelques dizaines de contacts à gérer, mais pour les professionnels qui ont de multiples interlocuteurs, quel confort ! Car nous voici désormais avec un nombre de « coordonnées » à rallonge : non seulement l'adresse et le numéro de téléphone comme auparavant, mais aussi le fax, le numéro de portable et l'e-mail[1]. Mieux encore, l'organiseur permet de retrouver facilement un nom ou une information grâce à la fonction recherche, sans oublier la possibilité de trier. Enfin, les organiseurs récents permettent de relier l'appareil de poche à un ordinateur de bureau, ce qui permet à la fois une sauvegarde facile, l'impression papier et, pour les personnes en entreprise, la gestion partagée des rendez-vous grâce aux logiciels spécialisés type Lotus notes.

Passons aux inconvénients. Le premier et non des moindres est le coût. S'il a notablement baissé depuis dix ans[2], celui d'un organiseur correct reste cependant élevé, entre 150 et 400 euros. Les constructeurs font valoir que leurs modèles offrent de multiples autres fonctions, faisant parfois de ceux-ci des appareils semblables à des petits ordinateurs qui permettent la rédaction de courrier, l'accession à des logiciels courants type traitement de texte et tableur, la gestion de la messagerie électronique, sans oublier les jeux ! Ils ont raison. Mais l'écriture sur des appareils de poche est toujours plus délicate que celle sur un clavier d'ordinateur grand modèle et les personnes qui n'ont pas des doigts de fée ont bien du mal à pianoter leurs textes sur des touches minuscules. Seul à ma connaissance, Palm s'est affranchi de cette contrainte avec l'écriture graffiti dont je parlais plus haut.

Plus grave : comme c'est le cas pour les beaux agendas, la possession d'un organiseur performant peut laisser croire à une personne qu'elle pourra faire l'économie de l'indispensable travail d'élaboration et de suivi des objectifs. Qu'elle aille donc faire un tour au chapitre 4.

Beaucoup plus grave : aucun organiseur (ou logiciel de gestion du temps sur ordinateur) ne permet à ma connaissance une gestion correcte des tâches du jour par ordre de priorité, au sens où nous en avons parlé plus haut. Certes, la fonction « priorité » existe, mais elle

1. Mot anglais pour Couriel. Si l'on s'en tient aux numéros de téléphone, de nombreuses personnes utilisent actuellement les possibilités des « portables ».
2. Texte rédigé en 2001.

définit trois ou quatre classes et c'est tout. J'en ai souvent constaté le résultat funeste : les personnes surchargées mettent les trois quarts de leurs tâches en « priorité 1 » et ne parviennent évidemment pas à les gérer ensuite correctement. Ah ! C'est encore et toujours cette confusion entre les deux sens du mot priorité qui fait des siennes !

Enfin, la dernière limite que je vois à l'utilisation d'un organiseur électronique est le temps qu'il faut pour le tenir à jour. Les Ne t'arrête pas ! trouvent en particulier un immense plaisir à gérer minutieusement leur organiseur et à en utiliser les diverses fonctionnalités. Parfois pourtant, il serait beaucoup plus simple et efficace de recourir au papier crayon, ou au post-it.

Je me sers donc abondamment de mon organiseur, mais avec circonspection. J'utilise les fonctions de « carnet d'adresses », d'agenda et d'alarme sonore lorsque je veux me prévenir moi-même à l'avance d'un rendez-vous auquel je dois me rendre, d'un appel téléphonique à donner, etc. Mais j'emporte aussi la plupart du temps avec moi dans mes déplacements un « agenda » classique à anneaux, dont j'ai ôté les fiches de calendrier et répertoire en les remplaçant par des feuilles volantes de couleur pour la définition des objectifs et autres notes manuscrites.

Exercices proposés dans ce chapitre

- Vérifier la planification actuelle de votre année (exercice n° 14)
- Vérifier la planification de votre prochain mois (exercice n° 15)
- Vérifier la planification de votre année, du mois prochain et de la semaine prochaine (exercice n° 16)
- Planifier votre journée de travail (exercice n° 17).

Tenir son agenda

Suggestions

- Pour planifier l'année ou le long terme :
  – Établir les objectifs annuels.
  – Indiquer sur l'agenda les journées obligées.
- Pour planifier le mois (ou la semaine) :
  – Établir les objectifs mensuels (ou hebdomadaires).
  – Indiquer sur l'agenda l'obligé et le gros « à soi » (quelques heures).
- Pour planifier la journée en cas de surcharge :
  – Établir la liste exhaustive des choses à faire.
  – Donner un ordre de priorité.
  – Estimer les durées et vérifier que la durée totale convient en tenant compte d'une durée d'imprévus.
  – Avoir un seul agenda (ou organiseur) maître.
- Avoir à l'esprit les questions suivantes :
  – Au début de la journée : « Comment réussir ma vie aujourd'hui ? » (déterminer des objectifs de journée, planification).
  – En cours de journée : « Comment utiliser au mieux le "che" ? » (tirer parti de l'agencement des choses pour une efficacité maximale).
  – En fin de journée : « Ai-je avancé vers mes "étoiles" ? »
  – Tout le temps : « Est-ce que j'accorde au monde "le meilleur de moi-même" ? »

Troisième partie

LE TEMPS RELATIONNEL

8

QU'EST-CE QU'ON FAIT AUJOURD'HUI ?

SYNTHÈSE

Dès que deux ou plusieurs personnes sont ensemble, elles structurent leur temps pour éviter de rester en « chien de faïence ». Il s'établit alors, au-delà des échanges verbaux ou non verbaux, un processus de structuration du temps relationnel qui a pour but d'échanger des signes de reconnaissance positifs ou négatifs dont chacun a besoin à des degrés divers. Par ordre d'intensité de ces signes et du risque relationnel correspondant, on trouve six modes de structuration : le retrait, le rituel, l'activité, le passe-temps, les jeux psychologiques et le « lâcher-prise ».

Lorsque l'activité n'est pas clairement définie ou que les personnes ne sont pas d'accord sur la façon de la mener, elles deviennent victimes du diablotin « On » et adoptent le retrait, le passe-temps ou les jeux psychologiques.

La conscience et la maîtrise des processus de structuration du temps relationnel permettent de donner beaucoup plus d'efficacité aux temps des réunions.

CONTENU DU TEMPS, PROCESSUS DE TEMPS, SENS DONNÉ AU TEMPS

Les deux premières parties de ce livre ont été consacrées à la réussite du temps de la vie et à l'organisation personnelle. L'aspect individuel y a été privilégié car avant de savoir négocier le temps passé avec autrui, il est indispensable de savoir ce que nous cherchons nous-même. Nous abordons à présent la gestion du temps relationnel en explicitant d'abord les trois niveaux du temps social : le contenu, le processus et le sens[1]. Prenons à cet effet un exemple simple vécu par la plupart à un moment ou l'autre : le temps d'un repas, depuis sa préparation jusqu'à sa fin (la vaisselle). Supposons par exemple que vous ayez invité des amis, ou que vous prépariez un repas d'anniversaire pour votre conjoint(e), etc. Bref, vous préparez un dîner chez vous.

Le temps consacré à cette préparation peut d'abord être perçu suivant l'aspect de son *contenu*, c'est-à-dire ce qui s'y fait et la durée correspondante. De telle heure à telle heure vous avez ainsi fait les courses (cinquante minutes). Il vous a fallu trente minutes pour préparer un clafoutis aux pommes, cinq pour aller chercher le vin à la cave et dix pour mettre le couvert. Le dîner proprement dit vous a pris une heure trente et le rangement de la table plus la mise au lave-vaisselle — soyons modernes — dix minutes, etc. Ces tranches de temps pour lesquelles vous pouvez décrire ce que vous avez fait, c'est le *contenu* du temps.

Voyons maintenant le même laps de temps au niveau du *processus*. La logique et l'expérience disent qu'il faut faire telle chose avant telle autre, par exemple faire chauffer le four avant d'introduire le clafoutis, ou mettre les assiettes au lave-vaisselle après avoir mangé et non avant. Cet ordre du temps dans lequel doivent se faire les choses sous peine de ne pas parvenir au résultat recherché, c'est le *processus* du temps. Sur le plan du travail effectué, le processus des tâches à accomplir est représenté par leur sériation plus ou moins consciente. Sur le plan relationnel, le processus est l'enchaînement des diverses façons de procéder aux échanges verbaux ou non verbaux (les analystes transactionnels nomment ces échanges des « transactions »), par exemple en ayant recours au rite de l'apéritif avant de commencer les conversations

1. Le concept des trois niveaux de sens a été élaboré par Vincent Lenhardt dans *Les Responsables porteurs de sens* (voir la bibliographie). Je l'ai appliqué au temps.

de passe-temps et non l'inverse. Le processus est par excellence le niveau de la gestion du temps social.

Mais ni le contenu du temps, ni le processus que nous y développons ne signifient quelque chose en eux-mêmes. C'est notre perception intime du temps qui s'écoule qui lui donne son *sens* et, dans notre exemple, ceci s'appelle — enfin nous l'espérons — fête, partage, amitié, convivialité. Nous rejoignons ici les étoiles de la vie agréable et surtout le temps mystique.

STRUCTURER LE TEMPS EN COMMUN : UN BESOIN VITAL

Chacun de nous, dès qu'il se trouve en présence d'autrui, propose ou adopte tacitement une certaine façon de vivre ensemble le temps commun et ce *processus* constitue la base même de la vie en société. C'est en lui que les gens vont s'aimer, se battre, échanger des informations, travailler ou rire, selon un accord tacite dont ils n'ont souvent pas conscience. Nous avons tous fait la pénible l'expérience de premières minutes pénibles au sein d'un groupe où personne ne nous connaît, ou bien de notre participation à une réunion à laquelle nous avons été envoyés par notre patron sans en connaître ni les participants ni l'objet exact. Le besoin de structurer le temps commun répond à cette angoisse du vide et pour la combler, les humains sont prêts à s'engager dans les conversations les plus banales, les plus stupides, voire les plus improductives.

Éric Berne, le père de l'analyse transactionnelle a déterminé six modes de structuration du temps :

- Activité
- Passe-temps
- Rituel
- Retrait
- « Lâcher-prise »
- Jeux psychologiques

Cinq des six façons de structurer le temps sont franches, on sait où l'on va. La sixième, les *jeux psychologiques*, laisse au moins l'un des deux protagonistes sur une impression de malaise. La figure 8.1 indique l'importance comparée en durée de ces six modes dans le temps professionnel pris en commun, c'est-à-dire essentiellement les réunions. Pour

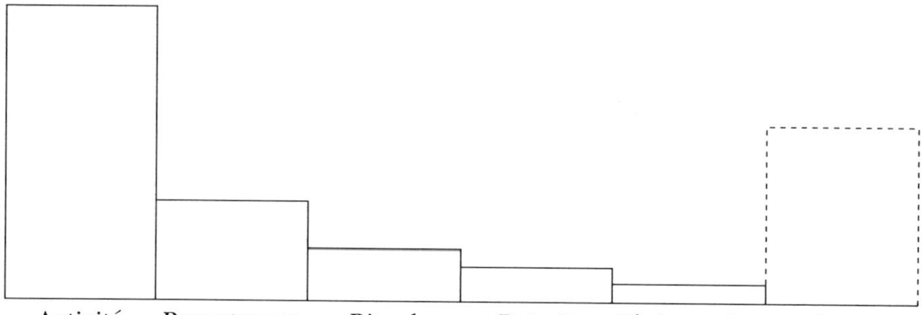

Figure 8.1 — Structuration du temps d'une réunion

les illustrer, j'ai imaginé de décrire ci dessous une réunion du conseil d'administration d'une association caritative.

Quelques administrateurs, en avance, échangent des propos sur les dernières nouvelles du jour. Comme d'habitude, ils se font un café car ils savent que les autres seront en retard. Mais voici qu'arrive Denis, le président. Il serre la main de tous et donne le signal du début de la réunion en demandant : « Quel est l'ordre du jour ? » Chacun ouvre ses dossiers et le conseil d'administration procède à l'examen du premier point de l'ordre du jour, à savoir une demande de subvention au conseil régional. Mais au bout de quelques minutes, la réunion semble s'enliser. Pierre, l'un des administrateurs, recule sa chaise et regarde par la fenêtre tandis que son voisin étudie son agenda. Ces comportements finissent par attirer l'attention de Denis qui tonne soudain : « Soyez plus attentifs ! Si personne ne participe, nous n'y arriverons jamais ! » Pierre se sent visé et répond que si la réunion avait été mieux préparée, la discussion n'aurait pas tourné au ronron entre spécialistes administratifs. Ce à quoi Denis rétorque qu'il est facile d'accuser autrui quand on refuse de participer, ce qui n'est pas le cas de ce *cher Pierre* dont l'absence aux dernières réunions a été remarquée. Un autre participant, Francis, intervient alors pour prendre la défense de Pierre qui, dit-il, s'est toujours excusé de ses absences. Le président fait sèchement remarquer que si quelqu'un ne peut pas participer aux réunions, il vaut mieux qu'il démissionne. Pierre et Francis prennent la mouche et se lèvent. Les autres les calment.

Cette séquence plonge le conseil d'administration dans un long moment de silence. Pierre s'enfonce dans un mutisme hostile tandis que Denis semble jouir de son triomphe passager. Pour briser le silence, quelqu'un remarque qu'il n'est pas étonnant d'arriver à des dissensions avec un mécanisme de subventions aussi compliqué. « Comme d'habitude, l'administration, dit-il... » et il embraye sur une histoire d'imbroglio juridique entendue à la préfecture. Un autre enchaîne. Denis laisse filer car il tient à récupérer son groupe, puis lorsque l'ambiance est revenue, il passe à un autre point de l'ordre du jour. La réunion se poursuit sans encombre, ponctuée cependant par un bref moment d'émotion lorsque Françoise, l'une des administratrices, annonce qu'elle va devoir quitter l'association pour raisons de santé. « Nous te regretterons », dit Pierre.

LES SIX MODES DU TEMPS RELATIONNEL

Prenons les uns après les autres les six modes de structuration du temps relationnel en suivant pas à pas l'exemple que nous venons de décrire.

Le premier mode de structuration du temps relationnel, le plus courant et le plus constructif sur le fond, est l'*activité*. Dans ce mode, les personnes échangent des informations, réfléchissent ou agissent ensemble, donnent des avis, écoutent, se forment et s'informent, etc. On travaille ensemble, ce qui ne veut pas dire que l'on est d'accord sur le fond, mais que l'on est décidé à avancer ensemble dans les projets communs ou la résolution des problèmes. S'engager dans l'*activité* est d'autant plus fructueux que l'on s'est mis préalablement d'accord sur l'organisation du travail : ordre du jour, utilisation de méthodes convenues à l'avance, durée de l'activité, etc. Lorsque Denis donne le signal du début de la réunion en disant : « Nous commençons. Quel est l'ordre du jour ? », il déclare en fait que le temps de l'activité a commencé. Mais la façon de travailler ensemble ne devait pas être suffisamment claire puisque la réunion a dérapé vers un autre mode de structuration du temps. Cela est sans doute dû au manque d'informations de certains participants ainsi qu'à un manque de règles du jeu communes.

L'activité n'est pas un mode de structuration du temps uniquement réservé à la vie professionnelle. Lorsque l'on prépare les bagages pour partir en vacances familiales, c'est de l'activité. Lorsque l'on discute de la façon de résoudre un problème avec l'intention de parvenir à une solution, c'est de l'activité. Le risque de l'activité, c'est de prendre une responsabilité collective vis-à-vis du travail. L'avantage, c'est la réussite des projets collectifs.

Le second mode de structuration du temps, par ordre d'importance dans la vie professionnelle, est le *passe-temps.* Ainsi, en attendant que la réunion commence, *les quelques personnes arrivées en avance échangent des propos sur les dernières nouvelles du jour.* Le moment privilégié pour les passe-temps est le déjeuner ou encore les temps morts d'un voyage en train durant lesquels, une fois passées les convenances, on se demande ce que l'on va bien pouvoir dire à son voisin pour ne pas paraître impoli sans pour autant s'engager dans l'activité ou l'intimité. Chacun s'efforce alors de combler le vide qui s'installe et c'est ce qui s'est passé avant le début de la réunion du conseil d'administration. On se lance dans des lieux communs, des sujets d'intérêt général, on papote en évitant les conflits d'opinions.

Le risque du passe-temps est double. D'abord, il peut constituer une perte de temps lorsqu'il empêche l'activité (c'est le cas des bavardages en réunion). Il est aussi l'occasion d'affrontements relationnels lorsqu'il diverge vers des conflits d'opinion. Imaginez par exemple que pour tuer le temps vous parliez du dernier film en disant : « Tiens, je suis allé voir *Roudoudou à Rio*, c'est génial ! » Votre interlocuteur vous répond : « Ah ! bon, moi je l'ai trouvé ridicule. » Silence gêné. Le passe-temps a échoué et l'on va se diriger vers d'autres modes de structuration du temps, soit un retrait, soit un autre passe-temps, soit un jeu psychologique. Mais le passe-temps n'est pas négatif en soi, il comporte des avantages relationnels. D'abord, il faut bien se reposer de temps à autre. Les bavardages à partir de lieux communs permettent aussi de meubler le silence avec une attention de faible intensité. Les passe-temps sont aussi l'occasion de se tester, de se jauger lorsqu'on ne se connaît pas bien et ils sont de ce point de vue une excellente entrée en matière.

Reprenons le cours de la réunion des administrateurs. *Comme d'habitude, ceux qui étaient à l'heure ont tué le temps en allant chercher un café au distributeur.* Cette façon de structurer le temps est un *rituel*, un mode de structuration du temps caractérisé par des échanges conventionnels et peu impliquants, car chacun sait ce que socialement il doit faire. En France, on se salue d'un signe de tête, on échange quelques formules de politesse, on se serre la main. Le « bonjour » est un rituel auquel on répond par un autre « bonjour » (rituel à un aller-retour de parole). L'échange « Bonjour », « Bonjour » suivi de : « Comment ça va ? » « Ça va » est un rituel à deux allers-retours. Lorsque l'on se rencontre entre parents ou amis, on s'embrasse sur les joues (deux, trois ou quatre fois), à moins que l'on se serre la main, cela dépend des habitudes et des sexes en présence. Dans les pays du Moyen ou Extrême-Orient, avant de se lancer dans l'activité, il faut passer par des rituels d'une durée et d'une complexité importantes.

Les *rituels* constituent une excellente entrée en matière pour l'*activité* ou d'autres modes de structuration du temps. C'est un mode sans risque à condition que l'on respecte la coutume. Prenons ainsi l'exemple de M. Machinchose qui part à la retraite après s'être fait détester de ses collègues pendant trente ans. On organise tout de même un apéritif à son départ et le patron prend la parole pour proclamer que l'on regrettera « la grande fermeté et l'inépuisable dévouement de M. Machinchose depuis tant d'années ». Tout le monde sait que ce n'est pas la vérité, que ni le patron ni personne d'autre ne pensent un mot de ce qui est dit, mais si le patron disait « Bon débarras, M. Machinchose, on va enfin souffler », les gens seraient outrés car le patron n'aurait pas respecté le rituel.

Le mode suivant de structuration du temps est le *retrait*. *Pierre, l'un des administrateurs, décroche.* Le *retrait* est un isolement mental. Imaginons par exemple que le train que vous attendiez sur le quai de la gare avec un ami en *passe-temps* soit arrivé. Vous gagnez vos places et continuez à bavarder. Bientôt survient un temps mort et votre ami prend son journal et commence à lire. Il s'est mis en *retrait*, bien que la relation puisse reprendre à tout instant puisque vous et lui êtes physiquement présents. Dans ce contexte, le *retrait* est normal et sain. Mais s'il dure trop longtemps dans une réunion ou un entretien (cas de la vie professionnelle) ou s'il s'installe dans la vie privée (les couples qui n'ont plus rien à se dire), c'est souvent le signe qu'il y a un problème de communication.

Le cinquième mode de structuration du temps par ordre d'implication est le *lâcher-prise*. Il est constitué d'échanges variés, confiants et la plupart du temps imprévisibles dans lesquels chacun accepte l'autre de façon naturelle et gratuite, tel qu'il est. Le mot de *lâcher-prise* est intéressant[1] parce qu'il signifie qu'il y a eu auparavant « prise », c'est-à-dire lien étroit et fort, souvent dans l'activité. On n'y manifeste pas obligatoirement son émotion, on peut même être en conflit. Mais chacun parle authentiquement et l'autre l'accepte ainsi. Le lâcher-prise est extrêmement agréable, c'est le royaume de la confiance, du temps gratuit et heureux avec autrui. Il est de ce fait très difficile et fait peur à bien des gens car il demande une implication personnelle et aussi la capacité de reprendre prise si la flamme de la confiance se met à vaciller. Son immense avantage est d'apporter des signes de reconnaissance intenses, authentiques et gratifiants. C'est par exemple le cas en réunion lorsque l'un des participants

1. Le mot utilisé par l'AT est « intimité ».

raconte une expérience personnelle particulièrement intense et que tout le monde l'écoute avec respect.

Il existe un sixième processus de structuration du temps, les *jeux psychologiques*, dont le lecteur a eu un exemple avec la séquence conflictuelle entre Denis le réprobateur et Pierre le distrait. Il s'agit d'un processus largement inconscient dans lequel des malentendus conduisent à l'éclatement d'un conflit relationnel dommageable. Compte tenu de leur importance et de leur fréquence, les jeux psychologiques sont étudiés au chapitre 9.

CONFLITS DE TEMPS

Beaucoup de conflits quotidiens naissent du fait que les personnes rassemblées, bien qu'étant physiquement ensemble et apparemment d'accord pour le rester, ne sont pas d'accord sur un mode commun de structuration du temps. Ainsi en sera-t-il :

- si l'un veut être en retrait et que l'autre souhaite engager une activité ;
- si les personnes sont d'accord pour être dans l'activité, mais que l'objectif de celle-ci est différent suivant les personnes ;
- si une personne prend pour un rituel ce qui est en fait de l'activité. Ainsi en va-t-il de ces fameuses discussions entre la poire et le fromage dans lesquelles, sous couvert apparent de rituel, les convives se lancent en fait dans l'activité ;
- si l'un des partenaires, impatient de passer à l'activité, refuse le rituel que l'autre veut respecter, souvent pour des raisons culturelles ;
- si l'un des partenaires souhaite consciemment ou non commencer un « jeu psychologique » et que l'autre, devinant le piège, refuse de s'y engager. Ce dernier prend alors le risque de l'escalade ;
- si l'un des deux souhaite vivre un moment de « lâcher-prise » et que ceci fait peur à l'autre.

Il est important de comprendre que le temps commun n'est fructueux sur le plan relationnel comme sur le plan de l'efficacité que si les parties en présence s'accordent implicitement ou explicitement sur un mode précis de structuration du temps. C'est la seconde loi du temps.

> ***Seconde loi du temps***
>
> La bonne gestion du temps relationnel passe par un accord sur la façon de travailler ensemble.

Lorsque ce n'est pas le cas, un *conflit de processus* apparaît rapidement, c'est-à-dire que la base même du conflit est un désaccord non pas sur ce qui se dit ou se fait sur le fond (contenu), mais sur la façon de passer le temps ensemble (processus). Cette réalité est souvent peu perçue par les interlocuteurs en présence qui, par manque d'expérience des processus relationnels, s'imaginent qu'ils sont en désaccord sur le *contenu* alors qu'ils le sont en fait sur le *processus*. De nombreux conflits naissent en particulier au cours des réunions professionnelles parce que l'ordre du jour n'a pas fait l'objet d'un consensus entre les participants, ou que les autres façons de s'organiser (durée de la réunion, heure de sa fin, horaire des pauses éventuelles, objectif même de la réunion) n'ont pas été précisées. Comme l'activité de la réunion n'est pas claire pour tous, les participants n'ont pas d'autre choix que de se rabattre sur d'autres modes de structuration du temps et ceci entraîne des conflits qui n'ont rien à voir avec le fond du sujet.

Nous avons donc intérêt à prêter une attention particulière à ce qui se passe dans les coulisses du *processus* et non pas sur la scène principale du *contenu*. Nous devons pour cela en même temps prêter une oreille à ce qui se dit (niveau social) et une autre au processus relationnel (niveau psychologique). C'est être à la fois dedans et dehors, un peu comme si nous étions à la fois l'acteur d'une scène de cinéma et le cameraman qui filme la scène. Lorsque vous serez capable de parler de la chasse aux escargots à votre concierge (*contenu*) tout en vous voyant engagé dans un passe-temps (*processus*), vous commencerez à être un bon gestionnaire de processus.

*LA BESACE**

Détaillons à présent les raisons secrètes pour lesquelles les personnes tiennent tant à structurer leur temps et tirons-en des enseignements sur la façon de gérer le temps commun, notamment dans les réunions. La première raison, c'est que cela rassure. Songeons par exemple à l'affolement intérieur qui s'empare de certaines personnes quand elles se retrouvent en vacances, en retraite ou encore plus, quand elles sont au chômage. La question à chaque réveil est : « Que vais-je faire aujourd'hui puisque je n'ai plus de structure de temps imposé ? » Ne pas pouvoir répondre à cette question a quelque chose d'angoissant, surtout pour les personnes qui ont été habituées à une forte structuration du temps. Les premiers jours d'une absence de structuration sont toujours difficiles. Rapidement une autre se met en place et des habitudes se reprennent, bonnes ou mauvaises.

L'autre raison pour laquelle nous structurons notre temps est tout aussi importante, bien que moins perceptible : en structurant notre temps avec autrui, nous remplissons notre « besace » à signes de reconnaissance*. Tous les humains portent en effet avec eux, accrochée à leur ceinture, une sorte de petite poche symbolique d'une certaine contenance, une « besace » (fig. 8.2). Ils doivent la remplir de signes de reconnaissance, c'est vital, et se servent pour cela de la structuration du temps. S'ils ne le font pas, ils s'étiolent sur le plan psychologique et parfois physique. Imaginons ce qui se passerait (ou malheureusement se passe) si :

- en tant que professionnel, nous ne recevions jamais aucune appréciation sur notre travail, positive ou négative,
- en tant qu'enfant, nos parents ne nous souhaitaient pas notre anniversaire ou notre fête,
- en tant que salarié, personne ne nous disait jamais bonjour le matin, etc.

Figure 8.2 — La besace

Le besoin de signes de reconnaissance est sans doute le plus fort qui existe chez les hommes. Certains ont des besaces de faible contenance et d'autres en ont de gigantesques, mais soyons-en sûrs : nous nous arrangeons tous pour remplir notre besace personnelle et si ce n'est pas avec de la reconnaissance positive, c'est avec de la reconnaissance négative, en cherchant les reproches, les rejets ou les dévalorisations. C'est une loi humaine qui ne souffre pas d'exception. Le principe en est le suivant :

Il vaut mieux remplir sa « besace » avec de la reconnaissance négative que de ne pas la remplir du tout.

Dans la réunion donnée en exemple ci-dessus, Didier a vraisemblablement eu l'impression qu'il était laissé pour compte car les participants qui étaient au courant du problème discutaient entre eux sans faire attention à lui. Sa « besace » n'était pas assez remplie et, connaissant la personnalité du président, il s'est inconsciemment débrouillé pour remplir sa besace en négatif. Le résultat, c'est une perte de temps et d'efficacité au niveau du groupe, doublé d'un conflit qui va peut-être faire perdre du temps par la suite.

L'image de la « besace » peut être traduite sur un schéma en forme de compas[1] (fig. 8.3) indiquant quels sont les enjeux *relationnels* de chacun des six modes de structuration du temps. Au fur et à mesure que l'on progresse vers le bas du compas, les échanges se font plus intenses, plus risqués aussi. Il devient de plus en plus ardu de passer d'un échange de signes négatifs à un échange de signes positifs et réciproquement, l'écart allant en grandissant.

Dans le *retrait*, la « besace » ne se remplit presque pas. Dans le *rituel*, elle se remplit un peu mais de façon sûre car codifiée sur le plan social : nous sommes certains de recevoir une faible quantité de signes de reconnaissance et n'avons pas de difficulté à en donner car ils ne sont pas de grande valeur. Avec l'*activité*, la « besace » se remplit bien, positivement ou négativement car si on progresse efficacement vers le résultat on s'en félicite et si l'on ne progresse pas, on s'en désole ou l'on s'en blâme. Avec le *passe-temps*, le remplissage se fait plus fortement encore, mais avec plus de risque relationnel car un échange d'opinions peut impliquer une personne plus intensément qu'un travail.

Mais c'est avec le *lâcher-prise* et les *jeux psychologiques* que nous remplissons le mieux notre « besace », en positif pour le lâcher-prise et

1. L'image a été inventée par le transactionnaliste belge Raymond Hostie.

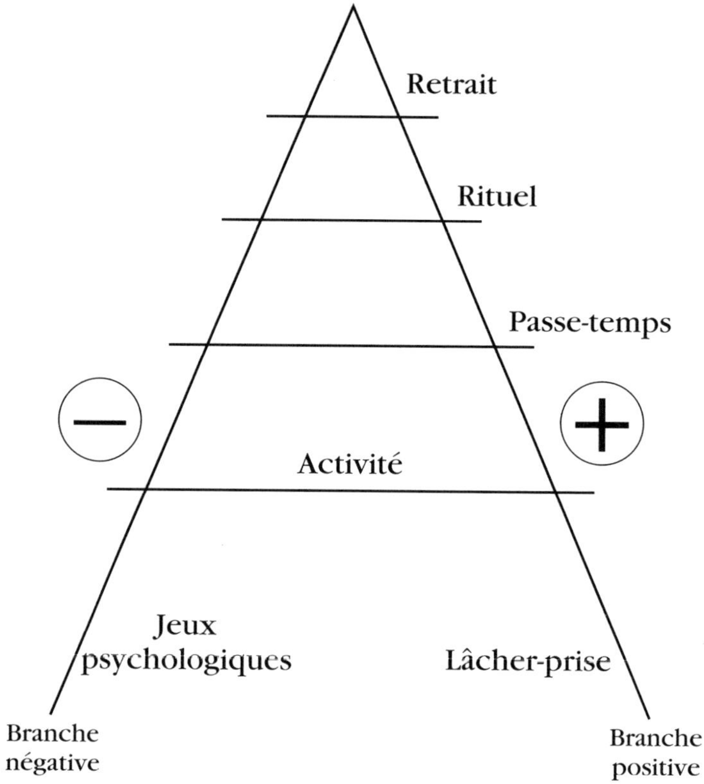

Figure 8.3 — Structuration du temps

en négatif pour les jeux psychologiques. Didier, par exemple, en a pour un bon moment à ressasser les paroles peu amènes de son président, il a rempli sa besace à ras bord.

LES RÉUNIONS ET ENTRETIENS

L'observation des six modes de structuration du temps et la connaissance du mécanisme qui les sous-tend (la besace) permettent de dégager une règle pratique de gestion du temps commun : lorsque l'activité n'est pas clairement définie ou que les personnes ne sont pas d'accord sur la façon de la mener, elles adoptent d'autres façons de structurer leur temps, généralement des *passe-temps* ou des *jeux psychologiques*. Nous pouvons tirer de cette règle deux conséquences pratiques pour le temps des réunions. Tout d'abord, avoir des modes peu impliquants de structuration tels que le retrait ou le rituel a des conséquences relationnelles moins graves que si l'on se trouve dans les modes inférieurs tels que le passe-temps ou les jeux. La seconde conséquence est relative aux difficultés relationnelles, en particulier les jeux psychologiques. Nous avons intérêt pour désescalader (calmer le jeu) à remonter vers des modes de structuration moins impliquants tels que revenir au travail commun (*activité*), lancer une diversion (*passe-temps*), voire proposer un moment de *retrait* (une pause).

En entreprise, la majeure partie du temps est ou devrait être consacrée à l'activité. Les retraits et rituels sont rares, le lâcher-prise exceptionnel. Lorsque l'on participe à une réunion ou un entretien, la première application pratique de ce qui précède est de prendre conscience des modes de structuration du temps qui surviennent, c'est-à-dire d'être attentif non seulement à ce qui se dit (le contenu), mais à la façon dont se déroulent les échanges (le processus). Nous disposons pour cela d'une sorte d'hélicoptère personnel[1] (fig. 8.4) qui peut monter pour observer de loin ce qui se passe ou descendre sur le terrain pour agir. Au début de l'entraînement de pilote, en entretien ou en réunion, il est difficile de faire décoller son hélicoptère pour observer le processus grâce au déroulement des échanges mais avec quelque entraînement, on peut monter très vite et très haut, puis redescendre si nécessaire pour traiter les problèmes de fond.

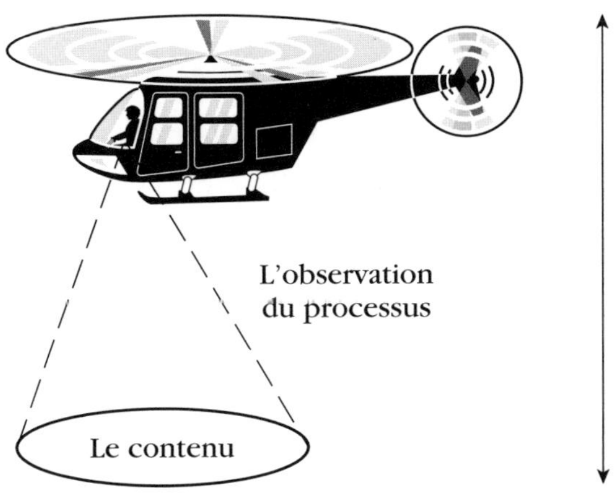

Figure 8.4 — L'hélicoptère

1. Les spécialistes nomment cette attitude la position « méta ».

En milieu professionnel, il s'agit de faire en sorte que la dominante principale d'une réunion soit l'activité. Pour que les personnes s'y engagent, elles ont besoin que leur soit précisé au début l'objectif de la réunion, c'est-à-dire les résultats tangibles qui sont attendus de celle-ci et les modalités de travail, faute de quoi apparaissent des passe-temps ou des jeux. La seconde précaution est de demander aux participants au début de la réunion s'ils ont des remarques sur ces modalités. Une fois l'accord de groupe posé, il est beaucoup plus facile de gérer le cours de la réunion, en laissant un peu de champ libre aux autres formes de structuration du temps lorsqu'elles apparaissent, mais en revenant à l'activité si l'atteinte de l'objectif est menacée. L'accord sur le processus fournit aussi une base pour gérer les conflits éventuels car c'est la règle établie par les participants au début de la réunion.

La dernière précaution en réunion est de fournir aux participants suffisamment de signes de reconnaissance psychologiques (écouter, reformuler, souligner les contributions), pour qu'ils n'aient pas envie de jouer des jeux.

Exercice n° 18 : La réunion

Votre tâche sera d'observer le processus de structuration du temps au cours d'une prochaine réunion (au moins six participants).

Qu'est-ce qu'on fait aujourd'hui ?

Suggestions

- Veiller à respecter la seconde loi du temps : « La bonne gestion du temps relationnel passe par un accord sur la façon de travailler ensemble. »
- En réunion, se concentrer sur l'activité en acceptant un minimum de retrait, de passe-temps et de rituels.
- S'entraîner à observer le processus des échanges relationnels.

9

DES MALENTENDUS AUX DRAMES

SYNTHÈSE

Les cinq premiers modes de structuration du temps comportaient des échanges sans surprise. Le sixième (jeux psychologiques) se termine sur une impression de malaise ou de défaite. En gestion du temps, il est l'aboutissement d'un manque de clarté sur la répartition des rôles ou la fixation des délais.

Le gâchis de temps relationnel débute par des malentendus. Tôt ou tard, il se transforme en un triangle dramatique Persécuteur-Sauveteur-Victime caractéristique des « jeux psychologiques ». Les « jeux » ne durent pas forcément très longtemps, mais leurs effets négatifs sont considérables et une bonne partie du temps personnel et social est utilisée à en réparer les dégâts. S'il peut apparaître illogique au premier abord de s'engager dans de tels gâchis, un examen plus profond montre que les « jeux » apportent des « bénéfices » secondaires considérables.

Il est possible de faire obstacle au « jeux psychologiques » de trois façons : la « molle » dans laquelle nous acceptons une petite dose d'effets négatifs pour calmer le jeu ; la « constructive » dans laquelle nous cherchons un accord clair sur les rôles et le délai ; la « musclée » dans laquelle nous indiquons à autrui ce qui se passe afin d'en provoquer l'arrêt.

DES MALENTENDUS AUX DRAMES

Les jeux psychologiques constituent la sixième façon de structurer notre temps relationnel. Comprendre comment ils naissent, se développent et aboutissent revêt une grande importance car c'est au travers de ces jeux que nous nous « aidons » mutuellement (si l'on peut dire) pour faire échouer de concert nos projets personnels et collectifs. Bien que leur étude dépasse largement le cadre de la gestion du temps, j'ai voulu les aborder dans ce livre pour trois raisons :

— ils constituent l'une des six façons de structurer le temps relationnel au sens du chapitre précédent et la seule dont on puisse dire d'emblée qu'elle aura des effets négatifs sur les uns ou les autres ;
— les effets négatifs des « jeux » sur la réussite des projets sont considérables. Une bonne partie de notre temps personnel ou social est utilisée pour en réparer les dégâts. Plus encore que le temps que nous y avons dépensé sottement, ce sont les séquelles de ces conflits et la façon dont par la suite ils perturbent l'esprit qui ont de quoi laisser pantois. Il y a dans les entreprises, les familles, les couples, les institutions et même les nations une énorme énergie humaine gâchée à jouer des jeux psychologiques. On y trouve dans l'ordre : la petite dispute familiale, le léger accrochage professionnel, la scène de ménage, les gros accrochages professionnels, les coups entre époux, les incidents violents lors des grèves, les émeutes, les conflits à la Yougoslave, la Deuxième Guerre mondiale… Au lieu de nous engager dans des projets valorisants, passionnants et constructifs, nous passons un temps considérable à entretenir des conflits inutiles, puis à en réparer les dégâts ;
— dans le domaine du temps, les « jeux » débutent le plus souvent par une violation de la seconde règle du temps : « La bonne gestion du temps relationnel passe par un accord sur le processus. » Lorsque l'accord n'est pas clair au niveau du « qui fait quoi et dans quel délai », des « jeux » s'ensuivent tôt ou tard et ce qui n'était qu'une difficulté au départ se transforme en drame.

PERSÉCUTEUR, VICTIME, SAUVETEUR

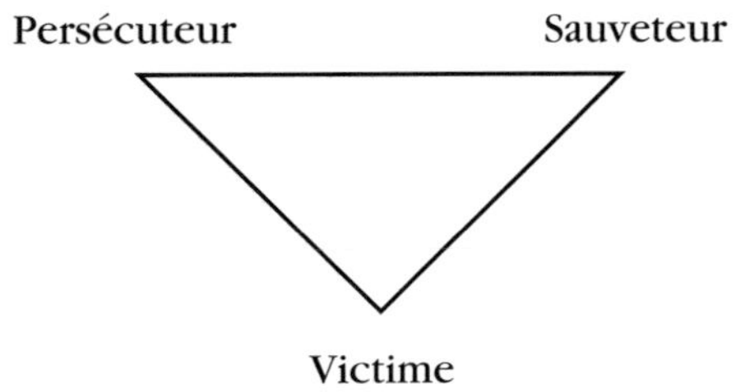

Figure 9.1 — Le triangle dramatique

Au début d'un « jeu », un Persécuteur, une Victime ou un Sauveteur cherchent à « accrocher » sans bien s'en rendre compte un protagoniste pour lui faire occuper un rôle complémentaire (fig. 9.1). Ainsi :

Le *Persécuteur* impose sa façon de voir le cours du temps en cherchant une Victime. Il rend l'autre coupable du temps perdu. Voici ses phrases favorites :

— « Arrêtez de vous plaindre, vous me faites perdre mon temps. »

— « Je veux ça pour hier ! »

— « Débrouillez-vous pour gérer votre temps, nom d'un chien ! »

— « Je suis en droit de définir le temps des autres. »

— « C'est moi qui décide de ce qui est prioritaire. »

— « Je veux que l'on adhère à ma façon de voir les choses. »

— « Les rebelles, je les mate… »

Le *Sauveteur* abandonne ses projets personnels pour se mettre au service d'autrui. Il découvre trop tard qu'il n'avait pas les moyens de bien faire le travail, ou que la Victime en a profité pour se la couler douce. Il peut alors se transformer en Persécuteur en s'irritant contre l'autre, ou en Victime : « Cela m'apprendra à aider les gens, une fois de plus, j'ai perdu mon temps à aider autrui, une vraie poire. » Voici son discours :

— « Je vais te venir en aide. »

— « Je n'ai pas de temps à moi, mais je vais tout de même rendre service. »

— « Je n'ai pas les moyens d'aider, mais je vais aider tout de même. »

— « Vous ne m'avez rien demandé, mais je vous aiderai quand même. »

— « Je ne suis pas responsable de ce qui vous arrive, mais on va faire comme si je l'étais. »

— « Je ne peux pas laisser les autres en plan. Il faut que j'aide, c'est plus fort que moi. »

La *Victime* se laisse imposer des objectifs et des priorités. Elle ne fait pas préciser le contenu de ce qui lui est demandé, ni les délais. Elle croit qu'elle n'est pas capable de faire valoir ses propres projets, soit parce qu'elle considère qu'ils ne sont pas importants, soit parce qu'elle n'ose pas affronter autrui. La Victime part à la recherche d'un Sauveteur qui fera le travail à sa place ou d'un Persécuteur qui lui reprochera son attitude (comportement sado-maso). Elle se confirme à elle-même un peu plus tard qu'effectivement elle était incapable, lorsqu'elle subit les reproches du Persécuteur. Écoutons les tirades habituelles de la Victime :

— « Je suis débordé(e). »

— « Je suis envahi(e) par les importuns. »

— « Je ne sais pas dire non. »

— « C'est toujours sur moi que tout retombe. »

— « Je suis écrasé(e) par vos objectifs et vos priorités. »

— « Je me soumettrai à vous, je ne peux pas faire autrement. »

Il existe un autre type de Victime, le genre *rebelle*, dont l'attitude favorite est de « rouspéter » contre les pertes de temps, mais sans proposer de solution. La Victime rebelle provoque afin de recevoir des coups. Elle est persuadée qu'il n'y pas de solution aux problèmes de temps et en rend les autres responsables. Si quelqu'un cherche à lui prouver le contraire, elle va tenter à toute force de lui démontrer qu'il a tort, qu'il n'y a pas de solution. Elle cherche un Persécuteur et en général le trouve. Voici les phrases du rebelle :

— « Si je perds du temps, c'est de votre faute ! »

— « Je vous ferai perdre votre temps, et puisque c'est à cause de vous que je ne réussis pas mes projets, je vous ferai échouer dans les vôtres. »

— « Si jamais vous tentez de m'aider, je vous ferai échouer. »

— « Personne ne peut rien à mon problème. »

Les attitudes de Persécuteur-Victime-Sauveteur sont rarement conscientes et il faut souvent de nombreux « jeux » destructeurs pour qu'une personne prenne conscience qu'elle « joue » et envisage de sortir de ses triangles habituels. J'espère de tout cœur qu'en lisant ce chapitre, vous vous convaincrez de la nécessité de passer des accords relationnels solides et d'apprendre lentement et sûrement à faire échec au triangle.

Lorsque le drame se déclenche véritablement en milieu ou fin de « jeu », les personnes changent la plupart du temps de rôle dans le triangle. Par exemple, le Sauveteur s'adresse au Persécuteur en lui demandant d'arrêter de persécuter la Victime. Il devient ainsi Persécuteur du Persécuteur. Mais comme il ne fait pas le poids, il se retrouve Victime à son tour. Il peut aussi se retrouver directement Victime parce qu'à force d'aider les autres, il n'en peut plus et se plaint à son tour. Pour que le drame se poursuive, il suffit en effet qu'une autre personne prenne un rôle complémentaire dans le triangle et il s'en trouve presque toujours une. Un Persécuteur à la recherche d'une Victime en trouvera toujours une qui cherche à se faire maltraiter. Une Victime à la recherche d'un Sauveteur finira bien par trouver une poire.

La fin du « jeu » est caractérisée par un coup de théâtre qui voit au moins l'un des acteurs arriver à l'échec de son projet et où deux rôles subsistent au plus : le Persécuteur et la Victime. Le Persécuteur désigne le fautif :

« Si nous avons perdu tant de temps dans ce conflit stupide, c'est de votre faute. »

La Victime est désespérée :

« Je savais bien que je n'y arriverais pas. Fondamentalement je ne suis pas capable de réussir. »

Souvent, les deux protagonistes finissent en Victime.

POURQUOI PERDRE SON TEMPS DANS LES « JEUX » ?

L'expérience montre que chacun de nous a tendance à engager certains « jeux » de façon répétitive, à les commencer de la même façon et à les poursuivre avec le même type de personne. Il existe à ce sujet deux classes essentielles de joueurs. Dans la première se trouvent les personnes qui ont plutôt tendance à se faire prendre en charge. Elles se posent en Victime et cherchent un acteur qui voudra bien jouer le rôle de Sauveteur ou de Persécuteur. Dans la seconde se trouvent les personnes qui ont plutôt tendance à prendre autrui en charge. Elles cherchent une Victime pour la sauver ou la persécuter. Chacun d'entre nous a ainsi une pointe favorite par laquelle il entre habituellement dans le triangle. Par exemple, un Persécuteur a tendance à aborder les problèmes sur un ton sec ou agressif, en voulant imposer la règle du jeu. Un Sauveteur arrête son propre travail dès qu'il a l'impression qu'on a besoin de lui. Une Victime se plaint. Chacun a aussi une pointe inconfortable dans laquelle il n'aime pas se trouver, soit par tendance personnelle, soit du fait de la position sociale (un responsable hiérarchique, par exemple, n'aime pas être mis en position de Victime par ses subordonnés). D'autres sont mal à l'aise dans le rôle de Persécuteur et certains ne se mettent jamais en Sauveteur.

Pourquoi les personnes acceptent-elles de s'engager dans de tels jeux répétitifs alors que le temps gâché s'ensuit quasi automatiquement, avec son cortège de plaintes, de frustrations, de dévalorisations ? Voici trois raisons :

— la première concerne la « besace ». Nous avons vu au chapitre précédent que toute relation comportait un échange de signes de reconnaissance, positifs ou négatifs, permettant de remplir une « besace ». S'il n'y a pas assez de reconnaissance *positive*, en quantité et en qualité, et si les autres modes de structuration du temps ne procurent pas assez de satisfaction, les personnes agissent alors pour d'obtenir de la reconnaissance *négative*. Certains estimeront qu'il est masochiste de rechercher des signes de reconnaissance négatifs, mais le fait est là, prouvé par l'expérience de tous les jours : « Mieux vaut du négatif que rien du tout. » Il faut remplir la « besace » quoi qu'il advienne… ;

— la deuxième raison, c'est que ces drames nous permettent de confirmer nos croyances par rapport au fait même de réussir ce que nous entreprenons. À la suite d'un jeu psychologique, chacun porte un jugement de valeur sur lui-même, les autres et la vie en général. Il renforce ses convictions sur la toute-puissance des diablotins et l'inéluctabilité des échecs : « Je suis un incapable » ou : « Les autres sont des incapables » ;

— la troisième raison de jouer, c'est la soif de structuration du temps. S'il n'y a plus d'autres façons de passer le temps, telles que par exemple l'activité, on se rabat sur les jeux.

Une question m'est souvent posée à propos du triangle : peut-on « diriger » un jeu de façon consciente, par exemple en cherchant une

Victime pour lui faire faire un travail sans qu'elle discute ? Je considère que c'est possible au début d'un jeu psychologique, même si c'est contraire à mon éthique. Certaines personnes, souvent dotées d'un bon niveau d'intelligence, croient alors qu'elles vont parvenir à maîtriser le processus et maintenir le rôle. La plupart du temps cependant, cela finit mal et un jour ou l'autre, à l'instar de Staline se voyant refuser une aide médicale sur ses derniers jours, elles se laissent entraîner dans le basculement du triangle et la chute[1]. Le cas des victimes est différent. Sans aller jusqu'aux hommes tués, aux femmes violées, aux millions de réfugiés pourchassés par les guerres, nous voyons dans les pays occidentaux des salariés qui se retrouvent licenciés d'une façon honteuse, des enfants qui subissent des coups, des étrangers malmenés à cause de la couleur de leur peau. C'est un problème éthique qui déborde le cadre de la gestion du temps. Il y a de vraies victimes mais ce qui les distingue des Victimes psychologiques, c'est qu'elles ne se complaisent pas dans leur position. De la même façon, il y a de vrais sauveteurs, des personnes emplies de générosité, des héros de l'humanité qui n'ont pas hésité à mourir par amour pour les hommes. Mais pour apprendre à être un véritable sauveteur, il faut d'abord savoir comment éviter d'en être un au niveau psychologique ce qui, dans le domaine du temps, consiste à ne pas passer inutilement du temps pour les autres. Voyons cela.

NE PAS PERDRE SON TEMPS POUR LES AUTRES

Le rôle du Sauveteur doit être regardé avec attention dans le domaine de la gestion du temps car il a au départ les meilleures intentions du monde et ne se rend pas compte qu'il déclenche un « jeu » par son attitude.

Quatre éléments caractérisent une attitude de Sauveteur : il intervient en faveur d'autrui « même si… » :

— il n'a pas les moyens d'aider,
— il n'a pas vraiment envie d'aider,
— l'autre ne désire pas d'aide,
— l'autre ne prend pas sa part du travail.

1. Cette question est développée dans plusieurs chapitres du *Pouvoir de négocier*, voir la bibliographie.

Voici un exemple. C'est le soir, suivons Jacques qui rentre fatigué de son travail. Il voit une voiture en panne à l'entrée de son parking et une femme en train de regarder dans le moteur. N'écoutant que son bon cœur, il s'approche et demande : « Que vous arrive-t-il, madame ? » « Oh, répond-elle, c'est ma voiture qui ne démarre pas. » Jacques ne connaît pas la mécanique de ce type de voiture, mais comme il est psychologiquement du genre Sauveteur, il a déjà tombé la veste car son discours intérieur est : « On ne peut pas laisser quelqu'un en panne ». La dame s'efface et Jacques se met à travailler dans un moteur qu'il ne connaît pas. Les minutes passent. La dame regarde sans rien faire. Au bout de vingt minutes, Jacques déclare forfait devant le carburateur démonté et bredouille : « Je ne connais pas bien ce type de moteur, il vaudrait mieux aller voir un garagiste… », ce à quoi la dame répond : « Vous auriez pu le dire avant. » Le chevalier servant n'y connaissait rien et la dame en panne s'est transformée en Persécutrice.

Un sauveteur authentique, lui, se poserait quatre questions avant de se retrousser les manches :

- Ai-je la compétence et les moyens pour le faire ?
- Ai-je réellement envie de l'aider ?
- Autrui veut-il de mon aide ?
- Prend-il sa part du travail (co-responsabilité) ?

S'il répond non à l'une de ces questions, il est vraisemblable qu'il est en train de prendre le rôle de Sauveteur au niveau psychologique et que, tôt ou tard, il finira en Victime. Un bon test pour savoir si l'on glisse en Sauveteur psychologique est d'imaginer que l'autre refuse votre aide en disant qu'il peut se débrouiller tout seul. Si l'on est capable d'accepter son refus sans difficulté, il n'y a pas sauvetage. Une autre façon très efficace est de demander : « Que puis-je faire pour vous ? », sans préjuger du besoin de la personne.

TROIS OPTIONS POUR FAIRE FACE AUX « JEUX »

Que faire face aux « jeux » ? C'est un long apprentissage, jamais terminé. Le premier pas est de prendre conscience que l'on se trouve dans un jeu, que l'on est monté sur la scène et que l'on commence à jouer la pièce. On peut pour cela observer ce qui se passe, si les gens jouent et surtout si on est en train de jouer *soi-même*. L'indice majeur, c'est le sentiment de malaise ou d'excitation. Une voix de sagesse nous indique que « les choses vont mal tourner, mal finir » ou encore que : « Ha ! Il va y avoir du sang ! » Pour ceux qui sont moins intuitifs et plus observateurs, les mots employés par les « joueurs » constituent un excellent indice car ils sont souvent exagérés — dramatiques comme le triangle du même nom — avec des adverbes en tout ou rien :

- Vous avez *encore*... (Persécuteur).
- Vous ne faites *jamais*... (Persécuteur).
- C'est *toujours* la même chose (Persécuteur).
- Je n'arrive *jamais* à... (Victime).
- Je vais vous aider *encore une fois* (Sauveteur).

Une fois que l'on a pris conscience du jeu, trois options sont possibles ; la molle, la constructive et la musclée.

L'option *molle* consiste à jouer « petit jeu », c'est-à-dire à perdre un peu de temps en adoptant consciemment les rôles du triangle. Accepter d'être *un peu* Victime, *un peu* Sauveteur, accepter de passer pour un *petit* Persécuteur. Le risque est de se laisser embarquer dans des triangles plus intenses, et aussi de perdre du temps. L'avantage, c'est que l'on dédramatise. C'est ce qui se dit d'ailleurs en langage courant lorsque l'on parle de « calmer le jeu ». L'option molle est souvent la meilleure au niveau social, en famille, en entreprise. Elle comporte des variantes astucieuses, telles qu'ignorer le jeu en restant silencieux. On peut aussi changer de sujet de conversation et revenir à des modes de structuration du temps moins impliquants tels que le *passe-temps*.

L'option *constructive* consiste à passer à un mode de structuration du temps moins intense, c'est-à-dire le *passe-temps* ou l'*activité*. Il s'agit ici de rechercher un accord avec l'interlocuteur sur le fond (le contenu) et, plus important encore, sur la façon de travailler ensemble (le processus). L'inconvénient de cette option constructive, c'est qu'il faut y passer du temps et de l'énergie, mais cela se retrouve largement par la suite car lorsqu'on s'est mis d'accord sur ce que l'on veut et la façon d'y parvenir ensemble, les bases sont solides. Cette option constructive est une solution à recommander quand les interlocuteurs sont de bonne foi et prêts à jouer le jeu de la synergie. Nous examinerons en détail l'option constructive avec la méthode RPOA du chapitre 11 consacré aux demandeurs.

L'option *musclée* consiste à sortir du contenu des mots pour dévoiler le processus, ce qui est en train de se passer. On prend son courage à deux mains pour signifier à l'autre que si l'on continue, on va se retrouver avec un dénouement catastrophique. Cela consiste à dire : « Nous sommes mal embarqués et si nous continuons de la sorte, voici ce qui va se passer. Comment allons-nous nous en sortir ? »

C'est une option très puissante car elle invite l'autre à réfléchir à l'aboutissement relationnel de son attitude, mais elle comporte le gros risque de voir l'interlocuteur, d'abord stupéfait, se mettre en rage d'être ainsi confronté et donc escalader, soit en Victime mise à terre, soit en Persécuteur forcené. Il est donc préférable de ne choisir l'option musclée qu'après s'être entouré de précautions. Mais dès que l'on a acquis quelque expérience des jeux psychologiques, l'option musclée peut se révéler extrêmement efficace si le jeu est destructeur ou s'il se répète tellement souvent qu'il faut bien un jour appeler les choses par leur nom. La précaution en ce cas, c'est d'avoir prévu quoi faire s'il faut désescalader, au besoin en étant fermement décidé à reporter l'entretien ou la réunion dans l'attente que les choses se soient calmées.

Exercice n° 19 : Observer les jeux

Pendant la semaine à venir, observez les « jeux » qui se jouent autour de vous. Repérez sans intervenir les rôles occupés par les différentes personnes, ainsi que la façon dont elles changent de rôle. Observez comment elles cessent de jouer et s'il y a des renversements de situation. Contentez-vous la première semaine d'observer et si l'envie vous prend d'entrer dans le triangle, utilisez de préférence l'option « molle ». Puis, si vous en sentez l'intérêt, apprenez de façon plus approfondie la façon de faire échec aux « jeux ».

Des malentendus aux drames

Suggestions

- Connaître nos points faibles qui nous font entrer dans le triangle Persécuteur-Victime-Sauveteur.
- Repérer les triangles et ne pas y entrer.
- En cas de triangle, en sortir avec l'option molle, la constructive ou la musclée.

10

TOUT, TOUT DE SUITE !

SYNTHÈSE

En situation professionnelle, certains responsables ou collègues exigent des délais irréalistes. Une solution est de tester un délai afin d'entamer avec eux une négociation.

TTU (TRÈS TRÈS URGENT)

Ce chapitre se voudrait aussi bref que les moments de la vie professionnelle dans lesquels il se produit. Imaginons la scène professionnelle suivante. Patrick, supérieur hiérarchique de Xavier, arrive en trombe dans le bureau de celui-ci.

« Urgentissime ! Tu arrêtes tout et tu me fais un rapport de synthèse sur les questions de sécurité aux abords des appontements.

— Mais qu'est-ce que je fais de la note que tu m'avais demandée hier au soir ? C'était une priorité absolue, m'avais-tu dit.

— Cela l'était, désolé.

— Pour quand le veux-tu ?

— Tout de suite. Le grand patron veut cela immédiatement. »

En proie à des sentiments mélangés, rage et désespoir, Xavier se met au travail. Une demi-heure plus tard, Patrick revient à la charge.

« Alors, c'est fini ?

— Mais il me faut du temps !

— J'avais dit « tout de suite », c'est très urgent, Dépêche-toi ».

Cette situation, à peine exagérée, se retrouve très fréquemment dans la vie professionnelle. Une personne de l'entourage, généralement le supérieur hiérarchique ou un collègue, exige une tâche pour « tout de suite ». Elle est en stress et le communique. L'exigence de rapidité occupe le devant de la scène et il ne semble pas qu'il soit envisageable de la remettre en question. Si le malheureux collègue demande : « Pour quand ? », il s'entend répondre que : « C'est urgent », que la priorité est absolue et qu'il lui appartient de lâcher l'ensemble de son travail pour se mettre à la tâche en question.

Dans sa version écrite, l'injonction « tout de suite » se traduit par un message du type TTU annoté en marge d'un document remis sur la table de travail ou trouvé dans la bannette de courrier. TTU, en langage d'entreprise, signifie *Très Très Urgent*. « Urgent » ferait sans doute mesquin et « Très urgent » manquerait de sérieux. Il s'agit de marquer le coup en passant à l'étape supérieure du « Très Très Urgent » de façon que le collaborateur, assommé par le message, comprenne la gravité de la situation et se mette immédiatement à ce travail. Lorsque l'on travaille avec des Américains, on trouve le ASAP, *As Soon As Possible* (aussitôt que possible), qui signifie la même chose. Bien des personnes en entreprise sont sous la pression permanente des TTU ou des ASAP, et le vivent mal, d'où le devoir que je me fais ici de soulager cette misère. En effet, si la personne obéit au TTU, il s'ensuit au mieux une perturbation du travail planifié et au pire un affolement préjudiciable à la qualité du travail. Parfois, comme dans l'exemple ci-dessus, le demandeur revient à la charge en s'étonnant que le travail ne soit pas encore fait, ce qui ajoute à la confusion. Enfin, il arrive que le travail qui avait été déclaré TTU et effectué dans l'urgence ne soit pas utilisé immédiatement ou, pire, finisse aux oubliettes, ce qui a pour résultat de décourager les collaborateurs qui s'y étaient attelés avec zèle.

LE PROCESSUS DU TTU

L'image du triangle éclaire le processus du TTU. Apparemment, du fait de leur attitude intransigeante, les patrons se situent en Persécuteurs. En fait, ils sont Victimes de leurs propres patrons et exportent le triangle dramatique à l'échelon inférieur avec deux enjeux. Le premier est opérationnel (par exemple fournir un document à leur propre hiérarchie), l'autre est psychologique (se libérer d'une pression en la reportant sur autrui). Si le collaborateur accepte l'injonction hiérarchique, il se retrouve Victime à son tour, soit qu'il ne puisse pas finir le travail aussi vite que l'espère son chef, soit que, le refusant, il ait à subir les foudres hiérarchiques[1].

Dans cette série de Victimes, il s'agit de sortir du triangle en proposant un accord. La clef de l'option que je vous invite à adopter est de *tester un délai*. Elle nécessite un peu d'entraînement et quelques précautions. Voyons cette option en reprenant l'exemple précédent au moment où Patrick, le supérieur hiérarchique, arrive en trombe.

« Urgentissime ! Tu arrêtes tout et tu me fais un rapport de synthèse sur les questions de sécurité aux abords des appontements. »

Voici la réponse du collaborateur qui teste un délai : « Bigre, cela a l'air pressé. Si je te donne un papier de deux pages dans une heure, cela te convient-il ? »

Confronté à une telle proposition, le supérieur hiérarchique est souvent surpris. Il hésite car s'étant déjà lui-même placé en Victime du TTU de son propre patron, il peut ne pas vouloir quitter ce rôle. Mais cette hésitation est un premier pas vers la résolution du problème car l'essentiel est que le demandeur cesse de montrer une attitude irrationnelle[2] et se mette à réfléchir.

Si Patrick accepte le délai proposé par son collaborateur, les choses sont réglées à condition que ce dernier ait effectivement le temps de réaliser la tâche prescrite. Mais Patrick peut aussi lever les bras au ciel.

« Dans une heure ! Mais c'est beaucoup trop tard ! »

Auquel cas les choses sont tout de même bien engagées car une négociation sur le délai peut commencer. Si ce n'est pas une heure, peut-être est-ce une demi-heure Ou quarante minutes ? En parlant à son supérieur, Xavier va découvrir des éléments du problème que ce dernier, soumis à la pression, ne voulait pas prendre le temps de lui expliquer. Ce questionnement n'est pas du temps perdu, il permettra de clarifier la « commande » du travail et donc d'être plus efficace lors de la réalisation de ce dernier.

1. Selon l'approche de l'AT, le TTU est l'établissement d'une chaîne symbiotique dans laquelle le patron est en Enfant par rapport à sa hiérarchie et passe dans le Parent vis-à-vis de son collaborateur, sans intervention de l'Adulte. Résoudre le TTU, c'est casser la chaîne symbiotique. Cela doit être fait avec précaution.

2. En termes d'AT, il quitte l'Enfant et le Parent et « branche » l'Adulte.

Pourquoi est-ce à Xavier de proposer un délai de réalisation et non à son supérieur de l'indiquer clairement ? En bonne logique, ce dernier devrait réfléchir à ce type de contraintes et si Xavier était un manager dans son état normal, c'est ainsi qu'il ferait. Mais la réalité est différente de la théorie et un manager n'est pas toujours dans un état normal. Comme toute personne sous stress de temps, il se comporte comme un enfant impatient qui veut tout de suite la sucette qu'il voit dans une vitrine de boulanger. Qu'un homme soit employé, contremaître ou PDG, son intelligence s'obscurcit s'il est en stress. C'est donc souvent aux collaborateurs à gérer leur supérieur hiérarchique en proposant un délai compatible avec ce qu'ils estiment réaliste.

Règle n° 1 en cas de TTU

Face au TTU, tester un délai.

Tester un délai a des avantages multiples. Tout d'abord, si un accord sur la durée du travail est conclu, il y a moins de chances de voir revenir à l'improviste le demandeur. En second lieu, celui qui doit effectuer le travail gagne une capacité de planification. Même s'il doit modifier l'ordre de ses travaux du fait de cet imprévu, il peut s'organiser et gagner au global un peu de temps.

Des précautions s'imposent pourtant car il arrive que certains patrons ne veuillent même pas discuter. Mieux vaut donc éviter de tester des délais avec les patrons à forte tendance persécutrice. Je n'exclus ni les patrons idiots, ni les pervers et j'ai rencontré l'un et l'autre. À l'impossible nul n'est tenu et si le lecteur estime qu'il se trouve dans un tel cas sans pouvoir changer de patron, qu'il courbe le dos en attendant des jours meilleurs. Mais tous les supérieurs ne sont pas des sadiques et, souvent, avoir convenu d'un délai les rassure.

Puisque le TTU est un début de jeu psychologique, n'oublions pas enfin qu'il existe deux autres options pour sortir du « triangle ». Il est possible lorsqu'un patron harcèle systématiquement son collaborateur de TTU de se plaindre en option « molle » ou de dénoncer le jeu en option « musclée » à un moment choisi.

SURCHARGES DE TRAVAIL

Les TTU sont une plaie des années actuelles. Les priorités que tentent de se donner calmement les personnes en entreprise se trouvent bousculées et les délais exigés ont sans cesse tendance à se réduire. Jusqu'où peut-on aller ? S'il est normal de vouloir être le plus efficace possible, le moment finit par arriver où les délais deviennent incompressibles, au niveau technique ou humain, parce que la réalisation de tâches dans l'urgence exige une tension nerveuse préjudiciable au calme et à la réflexion. Vient un moment où les personnes n'en peuvent plus et lorsque j'ai entamé la rédaction de ce livre sur la gestion du temps, une personne m'a fait cette remarque : « Le vrai problème, c'est que l'on demande aux gens de faire plus que ce qu'ils ne peuvent raisonnablement faire. Avez-vous une solution ? »

Je n'ai pas de solution. Comment faire entrer deux verres d'eau dans un seul ? Comment effectuer l'équivalent de seize heures de travail dans une journée de huit ou dix ? C'est pourtant ce que voudraient certains. Le problème n'est pas nouveau et les capitaines d'industrie du XIXe siècle faisaient travailler les enfants dix heures par jour. Je suis révolté de savoir que de telles pratiques existent encore. Il existe en France un Code du travail mais la seule façon d'aborder la question du temps de travail au-delà du code est de rechercher des accords de temps qui correspondent au contexte économique et social, sans se complaire dans les rôles du triangle dramatique. Certaines entreprises y sont parvenues avec bonheur. Puissent les autres comprendre qu'à force d'être Persécuteur, on tue la Victime et que cela n'est profitable à personne.

NÉGOCIER LE CONTENU

Parfois, les délais sont impératifs et il y a vraiment urgence. La contrainte de temps étant alors établie de façon irrémédiable, d'autres options existent face à la difficulté de faire le travail en un temps record.

Il s'agit maintenant de rechercher un accord non plus sur le délai, mais sur le contenu du travail. La meilleure option est souvent d'approfondir les points qui sont indispensables et pour le reste, d'esquisser des solutions.

> ***Règle n° 2 en cas de TTU***
>
> S'il n'est pas possible de finir un travail à temps,
> se concentrer sur l'essentiel et esquisser des solutions.

C'est la règle dite de « Pareto » appliquée au temps. Cette règle est bien connue des commerciaux qui disent que 80 % du chiffre d'affaires est apporté par 20 % des clients et 20 % par 80 % des clients. Au niveau du temps, cela donne : « 80 % du temps produit 20 % des résultats et 20 % du temps 80 % des résultats » (fig. 10.1).

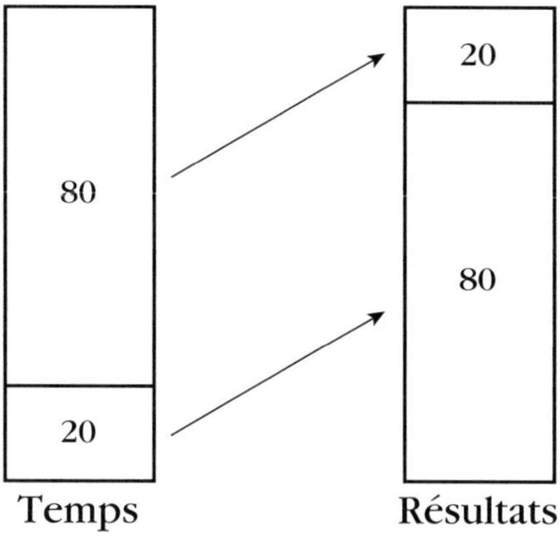

Figure 10.1 — La règle de Pareto

Pour l'illustrer, prenons un exemple de la vie privée tel que la réception d'amis un samedi soir. Après une semaine surchargée où elle n'a pas eu le temps de s'occuper de la maison, Jacqueline, mère de trois adolescents en pleine crise, doit recevoir ce soir-là des amis. La situation est catastrophique. L'évier est graisseux, la table de la salle de séjour encombrée de canettes de bière. C'est le moment où l'on se rend compte que les rideaux sont gris, qu'il y a de la poussière sur le dessus du bahut et que le frigidaire est vide. Un bon nettoyage exigerait deux jours complets et il n'en est pas question compte tenu du temps nécessaire pour faire les courses et préparer le dîner.

Première option : Jacqueline écoute son perfectionnisme et passe 80 % de son samedi à faire à fond 20 % du ménage. Par exemple, elle lave les rideaux, prendre deux heures pour faire la poussière, lance une grande lessive. À dix-huit heures, elle pique une crise de nerfs, envoie ses enfants acheter des surgelés et passe une soirée affreuse. Deuxième option : Jacqueline applique le principe de Pareto, cache les chaussettes sales et met tout ce qui traîne dans un grand sac en vrac. Elle passe l'aspirateur aux endroits où la saleté se voit, renonce aux rideaux car à la lumière artificielle on ne voit pas vraiment qu'ils sont sales. Elle renonce au paillasson, etc. D'expérience et au risque de faire hurler les ménagères qui liront ce livre, il est possible de rendre acceptablement propres en une heure une cuisine, une entrée et une salle de séjour. Le reste, ce sera pour un autre jour.

Il en va de même pour les travaux urgents demandés dans la vie professionnelle. S'il n'est pas possible de négocier le délai, il est souvent possible de négocier le contenu. Je me souviens ainsi d'un rapport sur l'activité de la coopération technique avec l'Algérie qui avait été demandé un lundi par un directeur du GDF, avec obligation de le remettre le mercredi. Comme mon chef partait en voyage, il me l'avait délégué. C'était, du moins l'imaginais-je, un énorme travail qui devait me prendre deux journées entières. Je m'étais mis à la tâche lorsque, pris de doute, je décidai d'appeler directement le patron pour en savoir plus sur le degré de détail du document demandé. En fait, il s'agissait d'une brève note d'une page. Je gagnai un jour de travail.

Exercice n° 20 : S'entraîner à tester un délai

Repérer une personne familière des TTU et le type de travail qu'elle risque de vous demander. Prendre votre courage à deux mains et la prochaine fois que le cas se présente, tester un délai.

Tout, tout de suite !

Suggestions

- Face aux Très Très Urgent (TTU), tester un délai.
- S'il n'est pas possible de finir un travail à temps, se concentrer sur l'essentiel.
- Esquisser des solutions compatibles avec les délais.

11

CES GENS QUI NOUS DÉRANGENT

SYNTHÈSE

Les gens qui nous dérangent ne savent souvent pas ce qu'ils veulent. Ils arrivent chez nous ou téléphonent en apportant un soi-disant « problème » qui est en fait une « situation problématique » (voir chap. 1).

Afin d'éviter les pertes de temps durant la discussion ou à son issue, nous pouvons clarifier le « qui fait quoi et dans quel délai » avec les questions du RPOA (Réel, Problème, Options, Accord).

LES IMPORTUNS

Le chapitre précédent traitait des urgences, mais l'une des raisons majeures pour lesquelles nous gaspillons notre efficacité réside dans le flou qui s'installe lorsque des personnes viennent nous déranger sans savoir véritablement ce qu'elles veulent. Bien sûr, il peut s'agir de « passe-temps » lorsque la personne vient uniquement pour papoter, voire de « rituels » si la personne a l'habitude de nous déranger à heure fixe, mais ce qui nous importe ici est plutôt de préciser l'activité et notamment ses deux caractéristiques de temps : « qui fait quoi » et « dans quel délai ». Bref, il s'agit de mettre en œuvre la seconde loi du temps : « La bonne gestion du temps relationnel passe par un accord sur la façon de travailler ensemble. »

Premier type de situation : quelqu'un entre dans votre bureau (ou vous téléphone) en formulant une demande vague. Impossible de savoir exactement ce qu'il veut, ni pour quand. Vous traitez le « problème » rapidement en acceptant et concluez un accord vague, n'est-on pas pressé ? Puis vous vous mettez au travail pour le satisfaire et faites alors plus qu'il n'en faut en vous rendant compte après-coup qu'il n'en demandait pas tant. Ou bien vous faites le travail à toute vitesse en vous rendant compte après coup que le délai n'était pas si impératif que ce que vous aviez imaginé. Ou encore, vous prenez votre temps et êtes rappelé à l'ordre parce que « c'était urgent ».

Autre situation habituelle : l'autre arrive (ou téléphone) sans bien poser le problème ni demander ce qu'il veut. Il fait longuement état de ses problèmes, tourne autour du pot, hésite. On cherche désespérément à savoir exactement ce qu'il veut et la raison pour laquelle il nous dérange. Il apporte un soi-disant « problème » mais c'est en fait une « situation problématique » Au bout d'un certain temps, irrité, on a envie de le mettre à la porte.

Dans ce type de situation, la personne qui nous dérange est potentiellement un début de triangle dramatique, se présentant généralement en Victime à la recherche d'un Sauveteur. Si ce dernier accepte le rôle, il risque de finir à son tour en Victime. Il s'agit donc, lorsque quelqu'un vient nous demander quelque chose, de ne pas se mettre en Sauveteur et pour cela nous avons vu qu'il existait trois solutions :

- Dans l'option molle, on accepte d'être un petit peu dérangé et de perdre un peu de temps.
- Dans l'option musclée, on confronte la personne sur sa façon de déranger.
- Dans l'option constructive, on recherche un accord avec la personne sur qui fait quoi et dans quel délai. Pour questionner efficacement la personne, il est alors commode d'avoir en tête une grille de questionnement nommée RPOA (Réel, Problème, Option, Accord).

LA GRILLE RPOA[1]

Le principe du questionnement consiste à se placer à trois niveaux, celui de la réalité, celui du problème lui-même et celui des options. Le processus est le suivant :

- Avoir une solide idée de la réalité (R).
- Explorer le problème que pose cette réalité (P).
- Examiner la gamme des options (O), c'est-à-dire demander ce que l'autre veut, ou proposer quelque chose.
- Et enfin, trouver un accord avec le vis-à-vis (A).

À chaque étape du processus correspondent des questions types, ainsi qu'il est indiqué dans le tableau 11.1. Illustrons-les par un exemple. Henri, chef d'un service de construction d'une entreprise de BTP, trouve dans son bureau en revenant d'une réunion Françoise, ingénieur de son service, qui lui dit : « Je t'attends depuis dix minutes… »

REEL	La situation, le contexte	• De quoi s'agit-il ? • Qui ? Quoi ? Où ? Quand ? Comment ? Combien ? Pourquoi ?
PROBLÈME	• La situation souhaitée • L'écart avec l'existant	• Quel est le problème ? • Si votre problème était résolu; à quoi le verriez-vous ?
OPTIONS	• Proposer • Demander • Décider • Négocier	• Que faire pour résoudre le problème ? • Que proposez-vous pour ce qui vous concerne ? • Qu'attendez-vous de moi ? • Voici ce que je propose • Je peux faire ceci si…
ACCORD	Accord sur le contenu (résultat à atteindre) et sur le processus (façon de l'atteindre)	• Voici ce que nous allons faire : vous ; moi • Voici comment nous allons le faire : votre part ; la mienne

Tableau 11.1 — La grille RPOA

1. J'ai utilisé pour élaborer cette grille les trois niveaux de méconnaissances de l'analyse transactionnelle (Réel, Problème, Options) ainsi que la grille RPBDC de Vincent Lenhardt (Réel, Problème, Besoin, Demande, Contrat).

La présence de Françoise gêne Henri, car il a reçu en réunion un travail urgent. De plus, Françoise est une collaboratrice plutôt envahissante qui craint de prendre des initiatives sans l'accord de son chef et ce dernier consacre une énergie considérable pour essayer de comprendre les raisons de ses visites. Souvent, il la rembarre en la renvoyant à son problème et elle repart tête basse, en Victime ayant trouvé son Persécuteur. D'autres fois, il prend sur lui le travail.

« Qu'est-ce qui se passe, Françoise ? (Exploration du réel)

— J'ai un problème…

— Ha ! Voyons cela.

— Le bureau de contrôle menace d'arrêter le chantier si nous ne lui fournissons pas rapidement une note de calcul précise des poussées hydrauliques sur l'ouverture. »

Henri comprend tout de suite que l'affaire est d'importance. La question préoccupe le service depuis des semaines et Henri a indiqué à son équipe que du fait de ses compétences, il superviserait personnellement l'affaire. Françoise a la responsabilité d'établir les notes de calcul, mais Henri est tenté de lui reprendre le travail car il le fera mieux et plus vite qu'elle. Va-t-il entrer dans le triangle en Sauveteur ?

Henri réfléchit aux quatre critères du sauvetage :

- Compétence et moyens ? Il n'a pas le temps de faire le travail.
- Envie ? Il n'a pas envie de s'en charger tout seul.
- Demande ? Françoise ne lui a rien demandé explicitement.
- Co-responsabilité ? S'il fait le travail, Françoise ne prendra pas sa part normale.

Le seul critère pour lequel Henri n'est pas Sauveteur, ce sont les compétences. Trois critères sur quatre ne sont pas satisfaits et le diagnostic est clair : il y a risque de sauvetage, donc de jeu. Que faire ?

- L'option molle est à rejeter car il y a un vrai problème à résoudre et Henri ne peut se satisfaire d'un compromis.
- L'option dure nécessite une énergie qu'Henri n'est pas prêt à y mettre, du moins pas immédiatement.
- Reste l'option constructive : passer un accord avec Françoise, laquelle attend patiemment sa gifle, comme d'habitude.

Henri se remémore la grille RPOA et dit à Françoise :

« J'ai besoin d'y voir plus clair dans ton problème. Rassemble les données relatives à cette affaire : délais, options techniques, planning, etc. (exploration du Réel) et regarde les calculs qu'il faut absolument faire pour éviter une catastrophe (exploration du Problème). Reviens me voir à onze heures. Ah ! Je te demanderai aussi ce que tu attends exactement de moi dans cette affaire (exploration des Options). Je pourrai te consacrer une demi-heure, pas plus, car j'ai un dossier urgent à traiter pour le grand patron. Cela te va ? (Accord de processus).

— D'accord. »

Henri tient grâce au RPOA un premier accord partiel sur le processus de travail entre lui et Françoise, c'est un début prometteur. Il regarde Françoise repartir son dossier sous le bras, rassérénée, comme si la promesse de passer une demi-heure avec son patron avait éliminé la moitié de ses soucis. Il profite du répit pour dégrossir le problème qu'on lui a posé durant la réunion et prend cinq minutes pour préparer comme suit l'entretien de onze heures avec un second RPOA.

La Réalité, c'est la contrainte de l'établissement de la note de calcul. Mais Françoise n'a pas indiqué le délai et Henri note de lui poser la question.

Le Problème d'Henri est double : veiller à ce que la note de calcul soit faite en temps et heure pour le client (c'est sa responsabilité de chef du service). Plus profondément le problème d'Henri est de savoir s'il va effectivement accepter de déléguer.

Parmi les Options possibles, Henri estime que suivre pas à pas Françoise dans son travail serait l'idéal, mais cela ne l'enchante guère.

À onze heures, Françoise frappe à nouveau à la porte de son bureau.

« J'ai réfléchi de mon côté, dit-elle. Je m'étais précipitée dans ton bureau car j'étais affolée du coup de fil comminatoire du bureau de contrôle, mais il y a peut-être des solutions.

« Quels sont les faits ? (troisième exploration du Réel)

— Côté délai, la note doit être prête dans dix jours sous peine d'arrêter le chantier. Dans le planning, il est prévu de… »

Françoise poursuit en décrivant la situation. Parfois, elle présente déjà des solutions et Henri la ramène doucement au réel, tout en brûlant de lui apporter des solutions techniques.

« Le vrai problème, conclut Françoise, c'est la disponibilité de Marc » (indication du Problème).

Henri la regarde, stupéfait. Marc est un expert informatique qui travaille sur d'autres projets.

« Il a de bonnes connaissances en béton précontraint et a acquis récemment un logiciel qui peut nous faire gagner plusieurs jours. Pour peu que je travaille un peu avec lui et que tu vérifies de temps à autre, nous pourrions nous en sortir… » (exploration des Options de processus).

— Justement, dit Henri, je voulais savoir ce que tu attendais exactement de moi car après tout, c'est ton travail, même si je dois le reconnaître, j'aime bien plonger dans la technique (autre exploration des Options).

— Je voudrais deux choses, répond Françoise et à cela aussi j'ai réfléchi. D'abord, que tu prennes ton téléphone et que tu obtiennes l'accord du patron de Marc pour qu'il le dégage quelques jours.

— Entendu. Et ensuite ? (troisième exploration des Options)

— Que tu prennes une heure ou deux d'ici la fin de la semaine pour examiner les principes de ce logiciel de calcul. Ce ne sera pas du temps perdu car c'est sûrement à toi que le bureau de contrôle demandera pourquoi nous avons changé de méthode et utilisons un nouveau logiciel.

— Je trouverai deux heures. Et toi, que feras-tu ? (Vérification du partage des responsabilités en vue de l'Accord)

— Je me charge de tout le reste, établissement de la note, contacts avec le bureau de contrôle, travail avec Marc. J'aimerais tout de même pouvoir te déranger de temps à autre si je patauge trop.

— Entendu. Si tu pouvais le faire tôt en arrivant le matin, cela m'arrangerait car en journée, je vais sûrement être assez pris dans les jours qui viennent. » (Accord).

En quelques minutes de préparation et un entretien réussi, Henri a gagné plusieurs jours de travail.

Ce n'est pas la surcharge de travail qui est la plus pénible en entreprise, ce sont les conséquences des RPOA négligés. Très souvent, les patrons perdent du temps en tentant eux-mêmes de trouver une solution à la place de leurs collaborateurs. Ceux-ci arrivent avec un problème mal exploré (P) auquel le supérieur hiérarchique apporte tout de suite une option (O). Pressé par le temps, personne ne prend les quelques minutes nécessaires pour examiner la réalité (R) et la discussion finit par un ordre donné par le chef, souvent inadapté au problème. On saute allégrement du problème à une mauvaise solution. Si les chefs étaient omniscients et avaient le temps pour faire le travail, cela serait une option intéressante, mais ils ne sont pas payés pour cela.

Leur responsabilité est de faire travailler leur équipe, pas de travailler. En négligeant les RPOA, les dirigeants gardent leurs collaborateurs dans une attitude infantile et dès qu'ils ont un problème, ceux-ci viennent les voir afin qu'il leur donne la solution.

COMMENTAIRES SUR LE RPOA

Le raccourci problème-solution

Il est surprenant de constater à quel point, lorsque nous parlons d'un problème à des personnes de notre entourage, celles-ci ont en majorité tendance à nous proposer les solutions qu'elles adopteraient *elles* plutôt que de nous aider à trouver notre propre solution. C'est une attitude plutôt sympathique de leur part au premier abord et qui prouve à quel point autrui est disposé à vous aider.

Cependant, ce n'est pas en se mettant à la place des gens que l'on peut véritablement les aider. L'enfer est pavé de bonnes intentions et le chemin qui mène du sauvetage à la persécution est plus large que la voie appienne.

« Venez me voir avec des solutions, pas avec des problèmes »

C'est l'un des aphorismes courants dans le monde professionnel actuel. Il est certes possible en théorie de renvoyer sèchement à leurs responsabilités ceux qui nous dérangent.

Dans les secteurs où règne cet adage, les collaborateurs n'osent plus venir dans le bureau de leur chef.

Il se murmure alors dans ces équipes que puisque c'est aux collaborateurs d'apporter les solutions, le chef ne sert plus à rien et que son salaire devrait être distribué à son équipe.

Souvent, si les collaborateurs viennent voir leur chef avec un problème et non une solution, c'est justement qu'il leur manque quelque chose pour la trouver et qu'ils attendent de leur chef qu'il les guide sur ce chemin.

Le RPOA fonctionne aussi en sens inverse

Les paragraphes précédents se rapportaient au cas d'un importun et c'est celui auquel nous pensons habituellement. Il est temps maintenant d'ôter la poutre de notre œil et de voir en face la façon dont *nous-même* dérangeons les gens. Avons-nous pris du temps auparavant pour explorer la réalité, le problème et les options ? Savons-nous ce que nous attendons de la personne que nous dérangeons ? Avons-nous réfléchi à un accord relationnel sur la répartition des responsabilités et les délais ? Faute de quoi, nous faisons perdre notre temps à notre interlocuteur. Comme me le disait une personne à l'issue d'une intervention en entreprise où j'avais exposé le RPOA : « Avant de déranger, je prendrai maintenant la précaution de savoir quoi répondre si on me demande : « Qu'attends-tu de moi ? » C'est trop bête d'aller voir quelqu'un sans savoir pourquoi. »

Surcommuniquer

Dans le feu de la discussion, les accords passés sur le « Qui fait quoi et dans quel délai » rebondissent et changent. Il arrive qu'à la fin de la discussion, on ne sache plus très bien ce qui a été convenu et il est sage d'éviter les malentendus et les répétitions (ah, ces coups de fil que l'on passe quelques minutes après pour vérifier ce qui a été convenu !). Selon la jolie formule, il faut « surcommuniquer[1] », c'est-à-dire répéter à la fin d'une discussion ce qui a été convenu.

Exercice n° 21 : S'entraîner au RPOA

Durant la semaine à venir

1) Déroulez trois fois le RPOA dans les deux contextes suivants :

— dérangements téléphoniques,

— entretien impromptu dans votre bureau.

2) Réfléchissez au RPOA que vous présenterez à votre interlocuteur dans les contextes suivants :

— passer un coup de téléphone,

— aller voir une tierce personne dans son bureau pour lui demander un travail ou une information.

1. Le mot a été créé par Vincent Lenhardt, dans *Les Responsables porteurs de sens*, voir la bibliographie.

Ces gens qui nous dérangent

Suggestions

En vue d'établir un accord relationnel sur le « Qui fait quoi et dans quel délai » :

- Questionner ceux qui nous dérangent avec les questions de la grille RPOA (Réel, Problème, Options, Accord).
- Préparer nos interventions auprès de ceux que nous dérangeons avec la même grille.

12

C'EST GRAVE, DOCTEUR ?

Sans prétendre poser un diagnostic absolu sur les problèmes de temps qui n'ont pas été traités en détail au cours des chapitres précédents, j'ai recensé ici les plus fréquents sous forme de questions au « docteur de temps » que je suis présentement dans ce livre. J'y réponds par des commentaires, des hypothèses de diagnostic et des options... quand il en existe.

J'arrive toujours en retard aux réunions

Trois cas peuvent se présenter.

Hypothèse 1 : Votre diablotin prédominant est **Papillonne !** Vous arrivez en retard car vous y trouvez un double bénéfice : celui de musarder avant la réunion et celui de provoquer inconsciemment l'autorité qui a convoqué cette réunion. Arriver en retard est une bonne façon de remplir votre besace de signes de reconnaissance. En effet, soit l'on vous accueille avec des « Ah ! enfin », et c'est merveilleux. Soit vous prenez un savon. Mais de toute façon on a fait attention à vous.

Une option est de réaliser que vous êtes quelqu'un d'important pour le groupe et que vous pouvez remplir votre besace d'une autre façon tout en arrivant à l'heure, par exemple en prenant du temps pour bavarder avec les gens avant la réunion.

Hypothèse 2 : Votre diablotin prédominant est **Ne t'arrête pas !** et vous arrivez légèrement en retard car l'idée de perdre votre temps si certains ne sont pas à l'heure vous est insupportable. Il est probable que vous utilisez pleinement le temps qui précède immédiatement la réunion avec l'espoir que dès votre arrivée, on entrera le plus rapidement possible dans le vif du sujet.

Une option est d'arriver à l'heure, mais en ayant sur vous un petit travail que vous pourrez effectuer dans votre coin si jamais celle-ci ne débute pas à l'heure convenue. De cette façon, vous ne perdrez pas votre temps.

Hypothèse 3 : Vous êtes le patron et vous ne voulez pas arriver tant que votre équipe n'est pas au complet, ou parce que vous estimez que votre temps est plus précieux que celui de vos collaborateurs. Vous préférez les faire attendre, même si en votre absence l'équipe ne peut pas commencer à travailler. C'est une façon douteuse d'asseoir votre autorité et un problème de management, pas de gestion du temps.

Mon bureau est un vrai cafouillis

Hypothèse 1 : votre diablotin prédominant est la Cigale et vous ne réalisez pas bien qu'il va se produire un petit désastre lorsque vous aurez à chercher un papier à la dernière minute.

Une option est de vous contenter de faire une partie seulement du travail : mettre les papiers par piles ou vous donner un temps limité de rangement.

Hypothèse 2 : Votre diablotin prédominant est Papillonne ! Une option est de vous amuser avec ce cafouillis, par exemple d'empiler le tout et de vous donner dix minutes pour en effectuer un tri rapide suivant des critères de votre invention.

Je passe énormément de temps à ma messagerie électronique

La messagerie électronique est à la fois une merveille et un tourment. À son crédit, des évidences telles que la rapidité, la possibilité de transmettre à beaucoup de personnes un même message, celle de joindre des pièces écrites, des photos et toutes sortes de documents aux formats les plus divers, avec la facilité de travail collectivement que cela entraîne. Plus efficace, plus rapide. Des outils associés sans cesse plus performants, comme les fonctions de filtrage pour le classement ou les impressions automatiques de certains documents, facilitent en outre la vie des utilisateurs.

A *contrario*, les messageries nécessitent de passer du temps pour consulter, répondre… et classer. Beaucoup de responsables d'entreprise reçoivent plusieurs dizaines de mails par jour. Le courrier papier a tendance à diminuer en conséquence, mais pas toujours.

À côté de ces évidences se cachent des réalités plus subtiles de ce nouveau moyen de communication et que l'on peut explorer avec certains concepts déjà présentés dans ce livre. Voyons-en quelques-unes.

- La messagerie titille nos diablotins favoris et exacerbe leur action néfaste. Un Ne t'arrête pas ! n'accepte pas de quitter son bureau avant d'avoir une dernière fois consulté ou mis à jour sa messagerie. Un Papillonne ! est enchanté de toutes les diversions que constituent cet afflux permanent de nouvelles informations[1]. Un Sois sympa ! s'oblige à répondre à tous les mails qu'on lui envoie.
- Le fait de rédiger un message électronique entraîne presque automatiquement la nécessité de bien préciser des demandes selon le RPOA. Les rédacteur, poussés à la concision, vont plus directement au fait. Par contre, les fonctions « copie à » ou « retransmettre » peuvent être utilisées de façon commode par les Sancho Pança. En transmettant sans commentaire, ils informent sans demander, noyant les responsables sous un flot d'informations.
- Plus grave peut-être, la messagerie peut constituer une façon redoutable d'étendre un « jeu psychologique » à une vaste échelle. C'est assez facile : dès qu'un message sent le soufre, ou met en cause des personnes, on transmet. Le message se répand et certains entrent dans le jeu, les autres se contentant d'en faire un passe-temps.

Mon bureau est très encombré

Le cas est différent du précédent car je suppose ici que vos dossiers sont bien répertoriés, mais qu'ils sont devenus très épais et très nombreux au fil du temps. Selon toute vraisemblance, votre diablotin prédominant

1. Une statistique de 2001 indique qu'en France, 43 % des personnes ayant une messagerie professionnelle connectée en permanence sont interrompus six fois par heure.

est le « Ne t'arrête pas ! » et vous gardez des dossiers complets afin d'avoir sous la main toutes les informations au cas où.

Une option est de considérer le rangement de vos dossiers comme un projet à part entière et de poser comme objectif d'éliminer la moitié en volume papier de tous les dossiers. Les choix sont parfois déchirants.

Je connais un homme qui a agi ainsi avec les livres de sa bibliothèque et une femme qui a fait de même avec sa garde-robe. C'est au moins aussi dur.

Comment classer ?

Il existe deux types essentiels de classement, le thématique et le chronologique, chacun ayant ses avantages et ses inconvénients. Je m'en tiens pour ma part à deux principes. Le bon classement est celui qui contient un nombre juste de rubriques, ni trop ni trop peu. D'autre part, lorsqu'il s'agit du classement des documents d'une d'équipe, le bon classement est celui qui est accepté par l'ensemble de celle-ci.

Si je ne parviens pas à gérer mon temps, ce n'est pas ma faute mais celle de ma hiérarchie

C'est hélas souvent vrai. Une chose est certaine : ce livre n'aura pas le pouvoir de changer votre chef, tout au plus vous permettra-t-il de mieux gérer votre temps en commun. L'une des façons de traiter votre problème est d'adopter la prière attribuée parfois à Newman, parfois à Marc Aurèle : « Mon Dieu, donne-moi le courage de faire ce que je peux faire, la résignation pour accepter ce que je ne peux pas faire et la lucidité pour distinguer l'un de l'autre. » En l'occurrence, il est possible qu'il n'y ait rien à faire et si vous êtes convaincu que vous avez fait tout ce qui était possible pour améliorer les choses avec votre hiérarchie, il est temps de vous résigner.

Je ne suis jamais parvenu à appliquer une méthode de gestion du temps dans la durée

Hypothèse 1 : Votre diablotin prédominant est le Papillonne ! Trouvez vous-même une méthode originale et écrivez-moi afin que nous déjeunions ensemble. Vous me l'expliquerez.

Hypothèse 2 : Votre diablotin est Ne t'arrête pas ! Vous cherchez une méthode idéale qui n'existe pas. Une option est d'abandonner cet ouvrage et de profiter enfin de la vie.

Hypothèse 3 : Vous êtes victime du diablotin Marmotte. Suivez scrupuleusement les conseils de ce livre.

Je perds du temps pour me mettre en route le matin

La mise en route difficile le matin est souvent une question physiologique, mais d'autres hypothèses sont envisageables :

— Vous n'avez pas d'étoiles et votre ciel est noir.

— Vous avez besoin de changer d'étoiles.

— Vous avez besoin de prendre plus soin de votre corps le matin. Il existe des méthodes de visualisation positive que vous pouvez faire la veille au soir[1]. Une autre façon est d'imaginer les petits plaisirs qui vous attendent au réveil : un café chaud, une bonne douche… Il est encore possible de vous accueillir vous-même le matin en préparant avec soin la veille au soir vos habits, votre petit-déjeuner, vos affaires. Vous aimer, quoi…

Je m'y prends toujours à la dernière minute

Hypothèse 1 : Vous êtes jeune et avez de multiples choses à découvrir. Certains travaux fastidieux vous ennuient et vous n'avez pas encore bien intégré leur utilité. Prenez patience, cela viendra avec l'âge.

Hypothèse 2 : Vous avez les diablotins de la pensée magique. Lorsque vous vous serez donné les permissions nécessaires exposées au chapitre 2, cela devrait aller mieux.

Hypothèse 3 : Vous avez un diablotin Papillonne ! Une option est de découper vos objectifs en petits bouts et de jongler avec leur réalisation quand ça vous chante.

Hypothèse 4 : Vous avez un diablotin Hibou et ne commencez pas un travail avant d'avoir l'ensemble des données nécessaires. Une option est de demander à un Papillonne ! de commencer le travail. Une autre est de commencer une partie du travail qui peut être effectuée avec ce dont vous disposez.

1. Vous pouvez vous reporter à l'excellent livre de François Paul-Cavallier : *Visualisation, des images pour des actes*, voir la bibliographie.

Je n'ai pas les moyens matériels de bien gérer mes affaires (bureau ou logement trop petit, ordinateur pas assez puissant, manque de place pour le rangement, etc.)

Une option est d'étudier la question avec la grille RPOA (c'est un outil magique !) en adoptant une politique de moyens et non de fins.

- Quel est l'état actuel précis de ce dont vous disposez (Réel) ?
- Quels sont les circonstances dans lesquelles vous êtes le plus gêné (problèmes correspondants) et ce dont vous souhaiteriez disposer à ce moment-là ?
- Quelles sont les options possibles ?
- Quel contrat de progrès pouvez-vous passer avec vous-même au niveau de l'utilisation de l'existant ou de l'acquisition de matériel ?

Je me retrouve le soir en n'ayant jamais fini ce que je voulais faire

Cette question est étudiée au chapitre 3 (objectifs).

Je commence dix fois une tâche sans vraiment m'y mettre

Cette difficulté est typique des personnes qui ne se donnent pas un ordre de priorité au début de leur journée (voir chap. 10 et 11).

Pour préserver mon temps, vaut-il mieux que je tienne la porte de mon bureau ouverte ou fermée ?

Ni l'un ni l'autre. S'agissant d'un aspect relationnel de la gestion du temps, la question n'est pas de savoir si la porte est fermée ou non, mais ce que cela signifie pour l'entourage immédiat. Si « porte fermée » signifie que l'on ne doit pas vous déranger sauf cas d'extrême urgence et si cela a été convenu avec vos proches collaborateurs, c'est une bonne solution. Si vous gardez toujours votre porte fermée, mais qu'il est convenu que l'on peut vous déranger n'importe quand, c'est aussi une bonne solution. Si votre porte est toujours ouverte, mais que pour vous parler, on doit d'abord vous demander si on ne vous dérange pas, c'est une troisième bonne solution. La clef du problème, si j'ose m'exprimer ainsi s'agissant d'une porte, c'est d'en avoir parlé avec vos collaborateurs et que la règle soit claire.

Quelles sont les fautes de management du temps pour un supérieur hiérarchique ?

En voici six :

- Faire attendre systématiquement les collaborateurs au début des réunions.
- Jouer avec eux des « jeux psychologiques ».
- Les convoquer sans avoir préparé un « RPOA ».
- Fixer l'objectif sans fixer le délai.
- Demander des TTU.
- Faire circuler l'information trop lentement.

Les autres difficultés viennent des points suivants :

- Manque de compétence dans la gestion des réunions et entretiens, en particulier la maîtrise des six modes de structuration du temps relationnel.
- Manque d'information mutuelle sur les emplois du temps de chacun.
- Manque de clarté des objectifs et des étoiles communes.

Je reviens dix fois sur les courriers reçus avant de vraiment m'y mettre

Ce cas se produit pour deux types de courriers : d'une part les lettres très courtes mais exigeant une réponse circonstanciée, et d'autre part les dossiers très épais. La réponse nécessite souvent plusieurs actions successives telles que prendre des informations auprès de tiers, collecter des données, etc. Le problème vient de ce que nous mettons ces courriers difficiles de côté pour y réfléchir tranquillement, puis les retrouvons chaque fois avec un peu plus de déplaisir, avec le sentiment de repartir à zéro à chaque manipulation.

Une excellente option est de fractionner le travail et de ne pas laisser un courrier en instance sans avoir esquissé un début de solution. Marquer par exemple en marge « voir telle personne » ou « consulter tel dossier ».

J'ai parfois des baisses de régime, des fatigues

Qui n'en a pas ? Personne n'est en forme 24 heures/24, ou alors il fait semblant. Lorsque cette situation se produit en semaine et que l'on est salarié, il n'y a pas à se poser de questions. On fait contre mauvaise fortune bon cœur et l'on va au travail. C'est dommage car les personnes sont beaucoup plus productives quand elles peuvent suivre leur propre rythme, mais c'est ainsi.

Souvent cependant, les personnes se fatiguent jusqu'à épuisement (surtout les « Ne t'arrête pas ! »). Il s'agit alors d'un problème psychologique car ces gens ne se donnent le droit de s'occuper d'eux que lorsqu'ils sont vraiment à bout. Pour ne pas paraître faibles ou paresseux, ils préfèrent forcer la machine, puis tomber vraiment malades et s'accorder alors une semaine de congé, cela fait plus sérieux. Le résultat global pour les entreprises est désastreux. J'ai connu un patron qui, pour contrer ceci, donnait aux personnes de son équipe la permission de rentrer chez elles quand elles commençaient à être fiévreuses, avec la consigne de revenir le lendemain matin en pleine forme. Il était enchanté du résultat.

Voici par ailleurs la liste des vérifications que j'étudie lorsque la baisse de régime est importante. Elle peut faire sourire tant elle semble évidente quand tout va bien, mais l'expérience montre que lorsque tout va mal, on oublie ces vérifications toutes simples :

- Quel a été l'emploi de ton temps depuis vingt-quatre heures ? depuis une semaine ?
- Quels sont tes engagements à court terme : journée et semaine ?
- Qu'est-ce qui doit être fait aujourd'hui sous peine de catastrophe ?
- Sur quels amis peux-tu t'appuyer ?
- Quels sont tes besoins personnels qui crient famine ?
- Depuis combien de temps n'as-tu pas pris soin de toi en… (besoins personnels physiques et psychologiques de base) ?
- Comment les satisfaire un minimum ?

Voici les grandes permissions qui permettent par ailleurs de dépasser les mauvais caps :

- Ne pas attendre pour prendre soin de soi.
- S'accorder le droit de ne rien faire (en dehors de ce qui provoque des conséquences catastrophiques).
- Annuler ou reporter ses engagements.

- Demander à être temporairement pris en charge.
- Arrêter tout.
- S'appuyer sur des amis.

J'ai par ailleurs vérifié que si je prenais soin de moi avec les règles de base suivantes, la gestion de moi-même dans le temps s'effectuait de façon beaucoup plus sereine :

- Manger au moins une fois par jour un repas chaud et équilibré.
- Dormir la quantité de sommeil qui me convient au moins deux fois par semaine.
- Donner et recevoir régulièrement de l'affection.
- Disposer à moins de trente minutes de chez moi d'une personne proche à qui m'adresser en cas de besoin.
- Faire assez d'exercice physique pour transpirer deux fois par semaine.
- Consommer modérément de l'alcool et du tabac en pouvant m'arrêter plusieurs jours.
- Avoir des revenus suffisants pour couvrir mes dépenses de base.
- M'appuyer régulièrement sur mes convictions religieuses et morales.
- Participer régulièrement à une activité sociale.
- Avoir un bon réseau d'amis et de relations.
- Avoir un ou plusieurs amis à qui faire des confidences.
- Être capable d'exprimer ma colère et mes besoins.
- Parler régulièrement à une personne de confiance des problèmes domestiques et d'argent.
- Me réserver chaque jour des moments de tranquillité.

Je laisse s'accumuler les petits travaux de peu d'importance et finis par me retrouver avec une montagne de détails à régler

J'écarte d'emblée l'option qui consisterait à faire son deuil définitif de ces petits travaux, ce serait du diablotin Cigale. Mais si vous tenez à les effectuer un jour ou l'autre, une option est de vous bâtir un *grand projet de petites choses*. Si l'on prend l'exemple des petits aménagements d'un logement que l'on se promet sans cesse de faire, cela consiste à faire la liste de tous ces menus travaux, à mettre les durées et les priorités comme indiqué au chapitre 11 sur la planification, puis à s'atteler à ce grand projet à un moment indiqué par le « che ».

Lorsque ma gestion du temps est perturbée par des incidents, il semble que tout le reste se mette à aller mal

C'est ce qu'on appelle la loi de l'em… maximum. Le réveil n'a pas sonné, le lait déborde, on casse ses lacets en partant au travail, on rate un métro, le patron est justement furieux ce jour-là, un dossier urgent et complexe est par sur le bureau, l'épouse téléphone en demandant de revenir plus tôt pour emmener le gamin chez le dentiste, on oublie la sauvegarde de ses disquettes, on renverse le café sur son pantalon…

C'est vrai, certaines personnes jouent de malchance, mais la plupart du temps, il n'y a pas d'embêtement maximum. C'est parce que l'on est stressé que tout ce qui tenait à peu près les jours précédents se met alors à dysfonctionner. Ce lacet qui casse était fragile mais les autres jours, on faisait attention. Des métros ratés, il y en a tous les jours mais cette fois-là, on le remarque particulièrement parce qu'on est en retard et que le stress redouble. Et le café sur le pantalon, c'est une obligation à prendre enfin soin de soi.

Prenez soin de vos affaires, elles vous le rendront un jour ou l'autre.

La bonne gestion du temps n'empêche pas les accidents ou les grandes épreuves. Les méthodes de gestion du temps semblent alors dérisoires

Tôt ou tard, lointains ou proches de nous, de tels drames éclatent. J'apprends au jour où j'écris ces lignes que le fils d'un client, un jeune homme plein de promesses, a oublié pour une fois d'attacher sa ceinture de sécurité. Un pneu a crevé et le jeune homme est mort. À quoi bon gérer son temps après un tel drame ? Les projets semblent jetés au vent comme des brins de paille dans une tempête. Que devient la gestion du temps lorsque surviennent de tels malheurs ?

> *Tes fils et tes filles étaient en train de manger et de boire […] lorsqu'un grand vent a frappé les quatre coins de la maison. Elle est tombée sur les jeunes gens. Ils sont morts.*
> *Job fut frappé d'une lèpre maligne depuis la plante des pieds jusqu'au sommet de la tête…*

Livre de Job, chap. 1 et 2.

Job est le symbole de l'adversité qui s'abat et pour nous dans ce livre, celui des hommes et des femmes qui ont pensé et construit leur temps de vivre et se sont patiemment employés à l'utiliser au mieux. Voici qu'un jour, balayant les projets, les étoiles et le patient travail de planification correspondant, la vie les gifle durement. Comme un coup de tonnerre dans le ciel bleu, elle jette à terre le travail effectué.

Tout commentaire face à de telles situations est effectivement dérisoire. Outre l'aspect existentiel de ces situations et la possibilité de les vivre en *temps mystique*, j'apporte ici une expérience et un outil.

Mon expérience, c'est que plus on apprend à gérer le temps lorsque tout va bien, plus il est facile d'appliquer des méthodes rodées lorsque survient l'épreuve.

L'outil est celui de la gestion psychologique du deuil avec ses diverses phases (déni, colère, marchandage et tristesse[1]). Lorsque nous subissons une épreuve, une perte (celle d'un proche, mais aussi celle d'un objet, d'un espoir, d'un lieu, etc.), nous traversons successivement le déni (Je n'arrive pas à croire que ce soit fini !), la colère (C'est trop bête !), le marchandage (Essayons de faire comme si les choses continuaient), et la tristesse (c'est irrémédiablement fini...). Ce n'est qu'à l'issue de ces quatre phases que le deuil étant achevé, on peut commencer valablement un autre projet.

1. Voir le chapitre 14 du *Métier de coach*.

ÉPILOGUE

Accordé !

Lecteur, frère et sœur de temps,
Plus qu'un long temps de vie, puisses-tu t'accorder le temps de vivre ce que tu as à vivre,
Plus qu'une réalisation de toi-même, puisses-tu t'accorder au monde qui t'entoure,
Plus qu'une bonne gestion de ton temps, puisses-tu discerner le meilleur de ce que tu peux accorder à ce monde,
Et accepter le meilleur de ce qu'il peut t'accorder.

Annexe 1

À PROPOS DE L'AUTEUR

Si je regarde mon passé, je dois d'abord dire que comme la majorité des adultes, je n'ai reçu aucun enseignement de gestion du temps avant l'âge mûr. Je me suis débrouillé comme j'ai pu sur les bancs du collège avec un cahier de textes. Les choses se sont corsées à 18 ans lors de la préparation aux concours des grandes écoles scientifiques car la masse de travail à abattre était considérable, mais je m'en sortis. Lorsque j'entrai dans la vie professionnelle comme ingénieur à 25 ans, je me mis à gérer mon temps comme tout le monde, en établissant des pense-bêtes chaque fois que mon esprit était encombré. C'est alors que vint le premier enseignement.

Je me trouvais à l'époque jeune chargé d'affaires dans les services d'ingénierie du Gaz de France à Clichy et m'inquiétais de la multiplicité des tâches qui m'étaient dévolues. Que faire pour parer à l'encombrement de ma mémoire et déterminer des priorités ? Je questionnai mon responsable qui m'indiqua la méthode suivante employée selon lui par les plus grands patrons : « Faites la liste de tout ce que vous avez à faire, puis lorsque l'une des tâches est commencée, mettez en regard dans une colonne à droite un trait horizontal. Lorsque la tâche est à moitié finie, complétez par un trait vertical de façon à avoir une croix et lorsque tout est fini, complétez l'étoile. » Confiant dans la sagesse de cet aîné, j'adoptai la méthode qui m'aida. Un peu. Mais d'autres difficultés surgissaient : comment établir des priorités entre les différents travaux, ou vérifier d'un coup d'œil si j'en étais à la moitié ou aux deux tiers d'une tâche ? Je n'allais tout de même pas établir des « plannings de Gantt » personnels pour chacune de mes activités quotidiennes !

Ma formation scientifique m'y encourageait, mais mon amour de la liberté refusait de se laisser enfermer dans une planification sournoisement totalitaire.

Sur ces interrogations, je partis en Iran en 1976 comme correspondant technico-commercial d'un important projet et là, ce fut la catastrophe. Le client me faisait d'innombrables demandes, certaines importantes, d'autres mineures. Je me trouvai confronté pour la première fois de ma vie à ce qui allait devenir par la suite mon lot habituel : choisir entre plusieurs tâches en sachant que je ne peux matériellement pas tout faire, ne rien oublier de ce qui est important, ou urgent. Je décidai alors de m'organiser et tirai parti d'une mission en métropole pour acquérir au BHV un outil spécifique de gestion du temps. Je choisis un classeur de format moyen, muni de six onglets plastiques et de feuilles vierges et je le vois encore, avec sa couleur marron clair et ses quatre anneaux. Je pris du temps pour l'organiser en fonction des impératifs de ma tâche : travaux à accomplir, réunions, données de base du projet, idées en vrac, etc. De retour à Téhéran, je pris l'habitude de le prendre en permanence sur moi et le résultat fut spectaculaire. Moi qui suis plutôt distrait de nature, j'acquis rapidement la réputation de répondre en temps convenu à l'ensemble des demandes qui m'étaient faites. Mes correspondants iraniens me pressèrent de leur procurer un outil semblable au mien et je me fis pour la première fois pédagogue en expliquant que celui-ci importait moins que la façon de le gérer. J'ai depuis lors utilisé le principe d'un tel document pour m'aider à organiser mon temps et m'en félicite. Chaque fois que je me trouve confronté à une multiplication des tâches ou à une complexification de mon temps, je m'en remets à son usage méthodique. J'ai eu pendant plus de quinze ans un agenda bleu et ai recours depuis peu à un organiseur Palm pour en compléter l'usage.

Si la vie professionnelle me permit de bâtir une organisation efficace, ce fut le développement personnel en analyse transactionnelle que j'entamai en 1984 qui m'apporta la compréhension des ressorts psychologiques secrets qui gênent les humains dans leur rapport au temps. En 1987, je découvris notamment le cycle de la réussite[1] de Gysa Jaoui et compris que les caractéristiques individuelles jouaient un

1. Ce cycle comprend quatre phases : rêve fécond, réussite, mise en œuvre et satisfaction.

grand rôle dans les difficultés de gestion du temps : aucune méthode rationnelle ne pouvait prétendre être efficace sans tenir compte de cette réalité. Durant toutes ces années d'apprentissage et de réflexion, d'autre part, je ne cessai d'approfondir ma réflexion sur le contenu et la signification de la réussite d'une vie humaine et, convaincu qu'il me fallait changer de voie professionnelle pour réussir la mienne, je quittai le monde de la technique en 1990 pour devenir consultant en relations humaines et en organisation. J'ai animé à ce titre plusieurs dizaines de stages de gestion du temps en formant les personnes aux outils décrits dans ce livre, puis les ai utilisés dans des démarches d'accompagnement de type « coaching », tant la réussite professionnelle des responsables d'entreprise me semble liée au rapport qu'ils ont à leur temps. En 1996, j'ai commencé une démarche de sculpteur qui fut pour moi une nouvelle « étoile » et étudié les aspects philosophiques du temps, notamment lors d'un voyage en Chine durant lequel j'ai eu le loisir de comparer les approches occidentale et orientale du temps.

Ainsi qu'il a été mentionné dans l'ouverture et surtout le chapitre 5 à propos du *temps mystique*, je me suis attaché depuis la première édition de ce livre à approfondir l'attitude intérieure qui préside au choix de mes objectifs. Les trois maîtres mots de mon temps étaient « imaginer, choisir, accomplir ». Désormais, j'adopte autant que possible une attitude du type « discerner et m'accorder ».

Ma gestion du temps n'est évidemment pas parfaite et elle ne le sera jamais, mais ce que je sais et dont je peux témoigner, c'est que lorsque je dévie notablement des principes décrits dans ce livre, je perds mon efficacité, ma sérénité ou le sens de ma vie.

Annexe 2

QUELS SONT VOS DIABLOTINS FAVORIS ?

Ce questionnaire est destiné à vous faire repérer vos « diablotins ». Il comprend quarante questions. Pour chacune, mettez en marge les points correspondants :

- 4 points pour « toujours ou presque »
- 3 points pour « souvent »
- 2 points pour « de temps en temps »
- 1 point pour « jamais ou presque »

Si vous hésitez entre un comportement en situation professionnelle et un autre en situation personnelle, prenez cette dernière. Passez peu de temps sur chaque question.

1. Pensez-vous que les choses s'arrangent toujours d'elles-mêmes et qu'il sera toujours temps de résoudre les problèmes quand ils se présenteront ?
2. Comptez-vous sur les autres pour qu'ils se répartissent spontanément le travail ?
3. Vous rendez-vous compte après coup que vous auriez dû prendre des marges de manœuvre dans les délais ?
4. Préférez-vous les rêves magnifiques aux réalisations concrètes ?
5. Avez-vous tendance à manipuler les documents plusieurs fois avant de vous mettre vraiment au travail ?
6. Avez-vous de la difficulté à vous fixer des objectifs concrets, vérifiables et assortis de délais ?
7. Faites-vous plusieurs choses à la fois, commençant l'une, passant à une autre, revenant à la première, etc. ?

8. Êtes-vous allergique aux agendas, à l'organisation personnelle et à la planification ?
9. Lorsque vous commencez une journée, estimez-vous que vous parviendrez sans précaution particulière à faire toutes les tâches que vous voulez faire d'ici le soir ?
10. Avez-vous tendance à mettre beaucoup d'énergie au début d'un travail, puis à abandonner assez vite ?
11. Préférez-vous vous contenter de projets modestes ?
12. Avez-vous tendance à trouver toujours « quelque chose à faire » ?
13. Prenez-vous le temps de faire le bilan de vos projets ?
14. Trouvez-vous difficile de prendre du bon temps avant d'avoir terminé ce que vous avez commencé ?
15. Perdez vous du temps à retrouver des papiers sur votre bureau du fait du fouillis chronique ?
16. Avez-vous tendance à faire des promesses pour faire plaisir, et vous désoler ensuite de ne pas pouvoir les tenir ?
17. Si quelqu'un vous demande quelque chose, vous faites-vous après coup le reproche de ne pas avoir pensé à demander « pour quand ? » ?
18. Si on vous fait une demande et que celle-ci ne vous plaît pas, avez-vous du mal à refuser franchement et rapidement ?
19. Avez-vous du mal à savourer le temps qui passe ?
20. Prenez-vous un moment le soir pour faire le point sur la façon dont s'est passée votre journée ?
21. Remettez-vous à demain le classement de vos affaires en vous disant qu'en cas de besoin, vous pourrez toujours pêcher dans votre fouillis ?
22. Ressentez-vous de l'impatience lorsque vous devez faire la queue ?
23. Quand quelque chose ne va pas autour de vous, avez-vous tendance à voler au secours d'autrui ?
24. Pour éviter de prendre une décision, imaginez-vous qu'il existe d'autres options tout aussi valables ?
25. Avez-vous tendance à laisser faire autrui puis, seulement après, à prendre le train en marche ?
26. Pensez-vous que « plus c'est fait vite, mieux c'est ».
27. Avez-vous tendance à surestimer les difficultés dès le départ ?
28. Vous désolez-vous de ne pas réaliser les projets qui vous tiennent à cœur ?
29. Aimez-vous faire plusieurs choses à la fois ?

30. Pesez-vous longuement le pour et le contre avant de prendre une décision ?
31. Lorsque vous devez faire des tâches répétitives, prenez-vous le temps d'écrire ou de mettre dans votre mémoire une « check list » personnelle ?
32. Lorsqu'un projet est clair dans votre esprit, avez-vous du mal à entreprendre ne serait-ce qu'une seule démarche concrète pour le mener à bien ?
33. En cas de difficulté, avez-vous tendance à attendre que quelqu'un vous dise quoi faire ?
34. Attendez-vous la dernière minute pour vous décider ?
35. Avez-vous tendance à attendre la dernière minute pour faire les travaux absolument nécessaires, mais ennuyeux ?
36. À la fin d'une réunion, hésitez-vous à demander « Qui fait quoi ? » en posant explicitement la question ?
37. Vous arrive-t-il de devoir vous arrêter dans vos tâches personnelles par manque de moyens matériels (essence, timbres, produits ménagers, outillage) ?
38. Quand vous entendez « On », hésitez-vous à demander « Qui ? » ?
39. En cas d'urgence, avez-vous tendance à faire une seule chose très bien et non plusieurs aux trois quarts ?
40. Vous dites-vous souvent : « La prochaine fois, j'y penserai », sans que cela vous empêche d'oublier la fois suivante ?

Reportez maintenant les points obtenus dans le tableau suivant, en les mettant dans la case blanche correspondant au numéro de la question (colonne de gauche).

	A	B	C	D	E	F	G	H	I	J
1										
2										
3										
4										
5										
6										
7										
8										
9										
10										
11										
12										
13										
14										
15										
16										
17										
18										
19										
20										
21										
22										

23										
24										
25										
26										
27										
28										
29										
30										
31										
32										
33										
34										
35										
36										
37										
38										
39										
40										

Les totaux de chaque colonne vous donnent alors vos « diablotins » par ordre d'importance.

A : Cigale — B : « On » — C : « Pendules Folles »
D : Marmotte — E : Hibou — F : « Papillonne ! »
G : Sois sympa — H : Sancho Pança — I : « Ne t'arrête pas ! »
J : 36 fois

Un total de plus de onze points indique que le diablotin correspondant se tient à l'affût, prêt à vous perturber dans votre temps.

Annexe 3

MOTIVATIONS

Ce tableau-ci dessous indique une liste des fils conducteurs courants d'une vie humaine. Aucun n'est méprisable ou honteux. Ce tableau peut aider lors de l'exercice n° 7 du chapitre « Trouver ses étoiles ».

Motivation	Définition des termes
Supervision	La vie fournit l'occasion de diriger, de planifier, de commander.
Esthétisme	La vie permet de créer de belles choses, d'aménager l'environnement de manière harmonieuse.
Satisfactions matérielles	La vie permet de satisfaire par l'argent des besoins physiologiques et matériels.
Diversité	La vie permet de satisfaire un besoin de diversité et de changement, elle doit comporter beaucoup de choses différentes à faire.
Sécurité	La vie doit m'assurer d'avoir de l'argent, même en cas de crise.
Stimulation intellectuelle	La vie est l'occasion de résoudre des problèmes, d'apprendre, de penser par soi-même.
Prestige	La vie permet de se faire valoir socialement, d'impressionner autrui.
Altruisme	La vie permet d'aider autrui.

Environnement	La vie permet de passer son temps dans un environnement agréable.
Créativité	La vie fournit l'occasion d'inventer, d'imaginer.
Aimer	La vie permet d'aimer les gens et de s'en faire aimer.
Collaboration	La vie est l'occasion de rencontrer des gens avec qui l'on s'entend intellectuellement ou affectivement ou dont on partage les valeurs.
Indépendance	La vie permet d'agir comme on l'entend.
Statut	La vie permet d'occuper un poste important et de jouir de certains privilèges.
Accomplis-sement	La vie permet de développer ses capacités, ses talents.
Faire partie d'une grande organisation	La vie est l'occasion de faire partie d'un groupe reconnu, d'être reconnu comme appartenant à ce groupe.
Avoir des tâches bien définies	La vie permet de travailler, mais sans avoir de fatigue intellectuelle et sans prendre de responsabilités.
Être investi d'une mission	La vie confère un statut assimilé à une mission.
Mener à bien ses propres projets	La vie est l'occasion de tirer parti d'un environnement favorable, sans s'y investir autrement.
Challenge	La vie est une occasion permanente de relever des défis.
Reconnaissance pour le travail	La vie permet d'être félicité pour ce qu'on fait bien.
Reconnaissance pour la personne	La vie permet d'être reconnu dans son unicité de personne et d'être aimé comme l'on est.

GLOSSAIRE

ACCORD : voir « contrat ».

ACTIVITÉ : mode de structuration du temps dans laquelle deux ou plusieurs personnes travaillent à atteindre un objectif défini et consensuel.

ANALYSE TRANSACTIONNELLE (AT) : théorie de la personnalité et des échanges relationnels fondée sur le modèle des « états du moi » d'Éric Berne et le concept de scénario[1].

« À SOI » : voir « temps à soi ».

BUT (FINALITÉ) : représentation du futur ne comportant pas d'éléments quantitatifs.

CHE : potentiel né de la disposition des choses.

CIGALE : diablotin de la pensée magique qui nous invite à ne pas préparer.

CONTRAT (ACCORD) : engagement explicite.

DIABLOTIN : voix intérieure poussant une personne à échouer dans ses projets.

BESACE : quantité et valeur des signes de reconnaissance dont nous avons besoin pour survivre psychologiquement.

ÉTOILE : projet de vie canalisant les énergies d'une personne et lui permettant de déterminer des objectifs.

ÉTUDE DE FAISABILITÉ : étude des moyens et des délais préalables à la mise en œuvre d'un projet et permettant de savoir ci celui-ci est réaliste.

FINALITÉ : voir « but ».

HIBOU : diablotin de l'échec en cours de route qui nous empêche de choisir.
HOLOMORPHIE : similitude entre la partie et le tout.
« IL FAUT » : partie de nous-même qui a intégré les devoirs et les contraintes (l'un des aspects du Parent, en AT).
IMPASSE : conflit interne de personnalité entre les principes du « Il faut » et les désirs du « J'ai envie ».
IMPRÉVU : temps qui n'est ni « à soi » ni obligé.
J'AI ENVIE : partie de nous même qui comprend nos besoins, désirs (l'un des aspects de l'Enfant en AT).
JE N'OSE PAS DIRE NON : diablotin de l'échec en cours de route qui se caractérise par un dévouement exagéré aux autres.
JEU PSYCHOLOGIQUE : mode de structuration du temps caractérisé (en gestion du temps) par un conflit issu d'un malentendu inconscient.
LÂCHER-PRISE : mode de structuration du temps dans lequel des personnes s'expriment et s'acceptent les unes les autres dans leur authenticité.
MARMOTTE : diablotin de l'échec en cours de route qui se caractérise par de la passivité.
MESSAGES CONTRAIGNANTS : cinq comportements subtils répertoriés par Taibi Kahler et qui indiquent qu'une personne entre en mécommunication. Il y en a cinq : Sois parfait, Sois fort, Fais des efforts, Dépêche-toi, Fais-moi plaisir. Ces messages datent de la petite enfance et proviennent de tentatives pour obtenir de l'attention conditionnelle de figures parentales qui ont compromis nos sentiments concernant notre propre valeur.
NE T'ARRÊTE PAS ! : diablotin qui empêche la personne de profiter de l'ici et maintenant.
OBJECTIF : résultat tangible, mesurable ou observable, recherché dans un délai précis.
ON : diablotin qui introduit le flou dans la répartition des responsabilités.
36 FOIS LA MÊME CHOSE : diablotin qui nous incite à ne pas tirer de bilan de nos échecs ou de nos réussites.
PAPILLONNE ! : diablotin qui se caractérise par la dispersion.
PASSE-TEMPS : mode de structuration du temps dans lequel les personnes parlent d'un sujet sans intention d'agir par rapport à ce sujet.
PENDULES FOLLES : diablotin de la pensée magique qui provoque une distorsion des durées réalistes.

PERSÉCUTEUR : rôle du triangle dramatique visant à rabaisser ou humilier autrui.
PLANIFIER : ordonnancer dans le temps les actions prévues.
PLANNING DE GANTT : diagramme représentant les diverses tâches d'un projet avec les dates de début et de fin. Appelé aussi « planning à barres ».
PNL : voir programmation neuro-linguistique
POISSON DU TEMPS : image reflétant le processus d'un projet.
PRIORITÉ : 1) importance relative accordée à un projet ou une action par rapport à un autre et 2) ordre dans lequel on désire effectuer les tâches.
PROBLÈME : écart entre une situation existante insatisfaisante et une situation souhaitée.
PROCESSUS : manière dont une personne ou un groupe se servent des éléments de la réalité pour parvenir à leurs fins.
PROGRAMMATION NEURO-LINGUISTIQUE (PNL) : ensemble de techniques relationnelles fondées sur la génération personnelle de programmes comportementaux.
PROJET : processus selon lequel on passe d'une situation existante à une situation souhaitée.
RETRAIT : mode de structuration du temps dans lequel une personne n'échange pas de transactions avec autrui.
RITUEL : mode de structuration du temps dans lequel les personnes échangent des signes de reconnaissance codifiés.
RPOA : grille consistant à explorer le réel, le problème et les options en vue d'un accord relationnel.
SAUVETEUR : rôle du triangle dramatique dans lequel une personne se propose d'aider les autres à partir d'une position de supériorité en étant convaincue que ceux-ci ne sont pas en mesure de s'aider eux-mêmes.
SÉRIATION : le fait de disposer dans les choses dans un certain ordre au niveau du temps.
SIGNE DE RECONNAISSANCE : signe verbal ou non verbal par lequel une personne reconnaît autrui dans son existence ou ses actes.
SCÉNARIO : plan de vie inconscient élaboré dans l'enfance, renforcé par les parents, « justifié » par les événements ultérieurs et aboutissant à une issue prévue.
STRUCTURATION DU TEMPS RELATIONNEL : processus relationnel permettant d'échanger des signes de reconnaissance.
TEMPS « À SOI » : espace de temps dont une personne est maîtresse.

TEMPS OBLIGÉ : espace de temps dont une personne n'est pas maîtresse.
TEMPS RELATIONNEL : temps à deux ou plusieurs, essentiellement les entretiens et réunions.
TRIANGLE DRAMATIQUE : schéma qui illustre le processus par lequel les gens prennent l'un des trois rôles de Persécuteur, Victime, Sauveteur.
TTU : Très Très Urgent.
VICTIME : rôle du triangle dramatique dans lequel une personne se considère comme inférieure et/ou incapable de s'en sortir sans aide.

Liste des exercices

BIBLIOGRAPHIE

On pourrait croire que la bibliographie sur le temps est abondante mais si nous considérons l'importance du sujet, il n'en est paradoxalement rien et en langue française, depuis le best-seller de Jean-Louis Servan-Schreiber *L'Art du temps* (Marabout, 1993), le paysage est assez désert. Parfois, dans un hall de gare, un voyageur se prend à rêver et achète un opuscule qui lui promet de modifier sa gestion du temps. Dans les quatre premières pages de l'un d'eux, j'ai ainsi trouvé un total de trois cents conseils. Assommé par une telle batterie d'impératifs, le voyageur se persuade assez vite qu'il ne parviendra jamais à être un « bon » gestionnaire du temps et de retour chez lui, fourre l'ouvrage dans un tiroir.

Le début des années quatre-vingt-dix a cependant vu apparaître un excellent ouvrage philosophique de Bruno Jarosson, *Briser la dictature du temps* (Maxima, 1993) qui présente avec humour et acuité la vanité qu'il y a à vouloir gérer son temps. InterÉditions a publié en 1990 une approche orientaliste, *Le Tao du temps,* dont je me suis inspiré dans le présent ouvrage. Un ouvrage plus méthodologique est celui de l'Allemand Lothar Seiwert : *Du temps pour l'essentiel* (Éditions d'Organisation, 1991). Signalons également :

OUVRAGES DE RÉFÉRENCE SUR LES APPROCHES PRÉSENTÉES DANS CE LIVRE

Les approches dont je me suis servi sont l'Analyse Transactionnelle (AT), la PNL (Programmation Neurolinguistique) et la gestion de projet.

J'ai déjà largement présenté les principaux concepts de l'AT dans un ouvrage sur la négociation (*Le Pouvoir de négocier*, InterÉditions, 1994) et invite le lecteur à s'y référer. Je continue pour l'AT à me servir du *Manuel d'analyse transactionnelle* de Ian Stewart et Vann Joines (InterÉditions, 1991), l'ouvrage le plus complet à l'heure actuelle. Pour une approche plus complète des messages contraignants de Taibi Kahler cités au chapitre 2, on peut se référer à *Comment leur dire ?* de Gérard Collignon.

La pensée de Jean Piaget est développée dans son livre *La Psychologie de l'intelligence* (Armand Colin, 1956) et je me suis aussi inspiré dans ce domaine de l'excellent livre de Bernard Voizot *Le Développement de l'intelligence chez l'enfant* (Armand Colin, 1987). L'approche chinoise du temps est développée dans *La Propension des choses, essai sur l'histoire de l'efficacité en Chine*, de François Jullien (Le Seuil, 1992).

Les concepts élaborés par Vincent Lenhardt et dont je me suis inspiré dans ce livre sont exposés dans *Les Responsables porteurs de sens* (INSEP, 1992). Quant à la gestion de projet, l'ouvrage le plus intéressant me semble être *De la gestion de projet au management par projet*, Afnor, 1994, de Michel Joly et Jean-Louis Muller.

AUTRES SOURCES BIBLIOGRAPHIQUES AYANT SERVI À LA RÉDACTION DE CET OUVRAGE

BERNE Éric, *Des jeux et des hommes*, Stock, 1985.

COUCHAERE Marie-José, *Comment manager son temps et son énergie*, ESF, 1990.

COVEY Wendy, *Priorité aux priorités*, First, 1991.

CUDICIO Catherine, *La PNL*, Éditions d'Organisation, 1990.

HERNIAUX Gérard, *Organiser la conduite de projets*, INSEP, 1992.

JAOUI Gysa et GOURDIN Marie-Claude, *Transactions*, InterÉditions, 1982.

JAOUI Gysa, *Le Triple Moi*, Robert Laffont, 1986.

JAROSSON Bruno, *Décider ou ne pas décider*, Maxima, 1994.

JONGEWARD Dorothy et SEYER Philip, *Gagner dans l'entreprise*, InterÉditions, 1980.

LE BISSONAIS Jean, *Le Management de projet de A à Z*, Afnor, 1992.

LEVIN Pamela, *Les Cycles de l'identité*, InterÉditions, 1986.

MACKENZIE, R. Alec, *The Time Trap*, McGraw-Hill, 1975.

MADERS Henri-Pierre et CLET Étienne, *Le Management d'un projet*, Éditions d'Organisation, 1995.

MORTEMART DE BOISSE Jérôme et NICOLAS Pierre, *La Gestion du temps*, Éditions d'Organisation, 1988.

NICOLAS Pierre, *Le Temps, c'est de l'argent… et du plaisir*, InterÉditions, 1984.

PAUL-CAVALLIER François, *Visualisation. Des images pour des actes*, InterÉditions, 1989.

SIMONET Jean, *Organisation personnelle du travail*, Éditions d'Organisation, 1983.

SPIRGLAZ Pierre, *Piloter une affaire*, Economica, 1994.

SUN TZU, *L'Art de la guerre*, Flammarion, 1978.

Remerciements

Je remercie en premier lieu le Gaz de France et l'ensemble des collègues avec lesquels j'ai travaillé durant dix-sept ans avant de devenir consultant en relations humaines et organisation. Ils m'ont permis de découvrir la vie professionnelle, avec ses richesses et ses difficultés. L'expérience que j'ai acquise auprès d'eux est irremplaçable et me sert quotidiennement.

Mes remerciements vont aussi à Hélène Reuss, ma compagne, spécialiste de la psychologie de l'enfant et de l'adolescent, dont les conseils et l'imagination ont été précieux pour toute la rédaction de ce livre, en particulier les éléments du chapitre 2 sur le développement de l'intelligence.

Je souhaite aussi mentionner Gysa Jaoui qui formalisa la notion de réussite en intégrant la phase de satisfaction, Taibi Kahler dont les travaux sur les « messages contraignants » m'aidèrent à imaginer certains des diablotins du temps et Vincent Lenhardt dont certains concepts ont été utilisés dans ce livre. L'expression « se gérer soi-même dans le temps » est de mon collègue et ami Francis Bussat.

Quelques personnes ont contribué aux modifications de la seconde édition et je les en remercie, notamment Robert Philipoussi, Carlo Moïso, et ma tante, Thérèse Delivré.

Merci enfin aux personnes que j'ai accueillies dans les stages de gestion de temps que j'ai animés et aussi aux parents et amis qui m'ont aidé et accompagné, en particulier mes enfants, Clotilde, Mireille et Laure, ainsi que Dorothée, Joël, Benjamin, Catherine, Chantal, Christophe, Martine, Jean-Luc et Antoinette, Michel et Simone, Emmanuelle et Bernard, Françoise, Marc et Annie, Rosette et Bernard, Véronique, Michel, Sonia, Nelly, Jacqueline 77 et Jacqueline 92, Patricia 92 et Patricia 94. Cette dernière eut l'idée du titre

« Question de temps » lors d'un repas durant lequel nous fêtâmes tous la fin du projet de nos « cent ans » cumulés, ma compagne et moi-même. Durant ce repas, si ma mémoire est bonne, nous eûmes de la viande au menu. Je dois en effet le confesser au lecteur : je n'aime pas le poisson.

050839-(I)-(1,5)-OSB 100°-PPC-MER

STEDI MEDIA, 1, boulevard Ney, 75018 Paris
Dépôt légal, Imprimeur, n° 9023
Dépôt légal : janvier 2007
Imprimé en France
Dépôt légal 1re édition : 1997